FREMDENLEGION AN DER FRONT

Einsätze eines deutschen Soldaten
im Bosnienkrieg
inkl. Bericht von der Operation Serval in Mali

Thomas Gast

Bibliografische Information der Deutschen Nationalbibliothek.

Die Deutsche Nationalbibliothek verzeichnet diese Publikation in der Deutschen
Nationalbibliografie; detaillierte bibliografische Daten sind im Internet
über http://dnb.dnb.de abrufbar.

Für Fragen und Anregungen:
info@eulogiaverlag.de

ISBN Print: 978-3-96967-409-3
ISBN eBook: 978-3-96967-410-9

Originale Erstausgabe 2024

Eulogia Verlags GmbH
Gerhofstraße 1–3
20354 Hamburg

Lektorat: Sandra Pichler
Satz und Layout: Tomasz Dębowski
Umschlaggestaltung: Aleksandar Petrović. Bildrechte: PHET THAI –
Shutterstock.com

FREMDENLEGION
AN DER
FRONT

Einsätze eines deutschen Soldaten im Bosnienkrieg inkl. Bericht von der Operation Serval in Mali

EULOGIA
VERLAG

Inhaltsverzeichnis

SARAJEVO

Für Mariusz und Ratislav.
Ersterer ließ sein Bein und damit seine Illusionen in Sarajevo,
Letzterer sein Leben.

Vorwort

Und die Politik bei alledem? Das Ende vornweg.

Vieles, was 1992 und 1993 in Sarajevo geschehen ist, kann man wohl heute erst richtig verstehen und zuordnen. Oder man wird es nie verstehen. Wie ich. Was mich und sicher auch den Großteil meiner Kameraden betrifft, so kann ich guten Gewissens behaupten, dass uns der politische Aspekt der Sache *Sarajevo* damals zwar nicht total entging, er uns aber irgendwie egal war. Wir waren stets voll Vertrauen unseren Chefs gegenüber. Hatten wir Zweifel, so sprachen wir sie aus. Das geschah direkt und unverblümt. Wir waren zwar kritische, aber in erster Linie auch pragmatische, auf unser Metier fokussierte Soldaten.

Das *Menschliche* und die *Anteilnahme* haben jedoch viele von uns schneller eingeholt, als man glauben könnte. Das Verhältnis von Recht und Unrecht war in diesem Krieg so unproportional verteilt, dass man automatisch die Tendenz hatte, die Dinge eher gefühlsmäßig, also nach Bauchgefühl zuzuordnen – was natürlich ein Fehler war. Andererseits war es sicherlich nicht verkehrt, auf den Bauch zu hören, einzuschreiten und zu helfen, wenn Frauen und Kinder litten, weil sie Schmerzen oder Hunger hatten. Das ist universell und wir Legionäre waren dabei *gerodet* genug, Recht von zumindest dieser Art Unrecht zu unterscheiden.

Ausnahmen, auf die wir kaum Einflussnahme hatten, bestätigen die Regel umso mehr. Manchmal, meist um Leid zu lindern, handelten wir entgegen den Anweisungen, entgegen bestehenden Befehlen. Das geschah vor allem nachts, während der *Mission Crossing*. Die absolute Neutralität, wie Blauhelmsoldaten sie haben müssten? Nun, im Angesicht halb verhungerter Kinder und verwundeter Frauen verflog sie manchmal. Legionäre stammen aus allen Gesellschaftsschichten. Um zu wissen, was im Leben zählt, dafür brauchten wir keine UN-Resolutionen oder irgendwelche irrsinnigen *Rules of Engagements!* Unsere Erfahrungen, errungen in langen, teilweise blutigen Einsätzen, unser eigensinniges, spartanisches Leben und nicht zuletzt der Spiegel an der Wand genügten uns völlig, damit uns das Essenziellste niemals entging. Etwas Eigensinn, vor allem wenn es um Menschlichkeit geht, stellt einen Soldaten nicht infrage, sondern unterstreicht seinen Status: den eines mündigen Menschen in Uniform.

Irgendwann im Frühjahr 1993 stieg ich mit einer Gruppe von Blauhelmen am Flughafen Sarajevo an Bord einer russischen Antonov. Es war eine kleine Maschine mit höchstens dreißig Sitzplätzen. Die Propeller dröhnten, die Heckklappe schloss sich hinter uns, doch die Maschine hob nicht ab. Wir warteten und warteten. Zwanzig Minuten später öffnete sich die Heckklappe wieder und ein kleiner, hagerer Mann und eine Frau, beide begleitet von einigen bis an die Zähne bewaffneten Milizen, kletterten an Bord. Es war Alija Izetbegović, der Präsident der Republik Bosnien und Herzegowina 1990 – 1995. Er setzte sich mir genau gegenüber. Es war derselbe Mann, der als Autor der sogenannten *Islamischen Deklaration* zu einer neun Jahre langen Haftstrafe verurteilt wurde, weil er, so sagte man, auf jugoslawischem Boden einen islamischen Staat errichten wollte. Das war natürlich eine spannende und höchst explosive Situation. Der einzige Gedanke, der mir durch den Kopf schoss, war, dass die Serben mit Sicherheit nichts von seiner Anwesenheit in dieser Antonov wussten. Sicherlich hätten sie das Flugzeug vom neutralen Flughafen abheben lassen, nur um es dann in der Luft über Ilidza abzuschießen. Die Mittel und Möglichkeiten dazu hatten sie allemal.

Kurz vorher, im Januar 1993, wurde der bosnische Vize-Regierungschef Turalic zwischen Sarajevo Airport und der *Sniper Alley* in einem Konvoi der UN von serbischen Soldaten ermordet. Turalic hatte kein Glück. Sein Transport an Bord eines VAB der UNPROFOR wurde den Serben wahrscheinlich *gesteckt*. Der Konvoi, bestehend hauptsächlich aus Blauhelmsoldaten unserer schweren Kompanie CEA (Abkürzungen siehe Anhang), bewegte sich vom Flughafen Sarajevo Richtung Stadtmitte. Die Soldaten standen unter dem Befehl eines Adjudanten unseres Regiments. Der wiederum erhielt seine Order direkt vom Hauptquartier der UN-Truppen des Sektors Sarajevo im PTT-Building über Funk.

Am 8. Januar 1993 wurde die Kolonne an einem Serben-Checkpoint angehalten. Der Checkpoint befand sich unweit der *Teoloski Fakultet* (Theologische Hochschule) und in Sichtweite der Stup-Brücke. Die serbischen Kräfte waren schwer bewaffnet. Zumindest ein T-55 Kampfpanzer (einige Soldaten schworen, es wären zwei gewesen) befand sich vor Ort und ein gutes Dutzend Panzerfäuste waren aus guten Deckungen heraus auf die UNPROFOR-Schützenpanzer gerichtet. Es war ein eindrucksvolles Aufgebot, dem die UN-Soldaten kaum etwas entgegenzustellen hatten. Noch eindrucksvoller jedoch war die Tatsache, dass es an dieser Stelle gar keinen Serben-Checkpoint hätte geben dürfen. Die Serben hatten ihn wohl in aller Hast errichtet, nachdem ihnen zu Ohren gekommen war, dass Turalic den Flughafen wieder verlässt.

Nach langen Verhandlungen (die Legionäre weigerten sich strikt, Turalic an die Serben auszuliefern) und auf ausdrücklichen Befehl des Hauptquartiers der UNPROFOR im PTT-Building, öffneten die Blauhelme schließlich das Fahrzeug, in dem er saß. Serbische Milizen der *Armee der Republika Srpska (VRS)* erschossen Turalic vor den Augen der UN-Soldaten. Von acht Kugeln getroffen brach er zusammen. Es war eine Hinrichtung – nicht mehr, nicht weniger. Die Ohnmacht der UN wurde hier auf grausame, sehr eindringlich Art und Weise demonstriert.

Wie das Verhalten der Offiziere, die den Befehl gegeben haben, Turalic den Serben quasi ans Messer zu liefern, einzuordnen ist, ist nicht Sache des einfachen Unteroffiziers, der ich damals war. Nach meiner Einschätzung traf die Blauhelmsoldaten des Konvois keine Schuld. Ich kannte fast jeden von ihnen. Noch besser kannte ich den verantwortlichen Adjudanten. Hätte er den Befehl erhalten, Turalic nicht an die Serben auszuliefern, also die Tür des Schützenpanzers nicht zu öffnen, sondern im Gegenteil, sein Leben zu schützen, dann wären er und seine Männer an diesem Tag alle gestorben, denn für Legionäre ist der Auftrag heilig, T-55 hin, Panzerfäuste her. Der ganze Krieg hätte wohl sehr früh schon eine andere Wende genommen. Vielleicht passte das so machen Verantwortlichen in New York, Paris, Brüssel oder anderswo ganz gut in den Kram, dass um die Affäre Turalic danach kaum ein großes Aufheben gemacht wurde.

Ich hatte mich nie groß mit Geschichte abgegeben, wusste auch damals nichts über eventuelle Verknüpfungen eines Alija Izetbegović mit dem Naziregime. Man munkelte, dass er während des Zweiten Weltkriegs junge bosnische Freiwillige für die *13. SS-Gebirgsdivision Handschar* rekrutiert hatte. Und mir war damals nicht bewusst, dass in den Jahren 1992 bis 1995 nahezu 3.000 Mudschaheddin aus Algerien, Afghanistan und anderen islamischen Staaten auf Seite der Bosnier kämpften. Oft – *sicher zu Recht* – keimte der Verdacht in mir, dass die meisten unserer Legionsoffiziere pro Serbisch eingestellt waren und hinter unserem Rücken auch in diesem Sinne handelten.

Ausgedient!

Was mir wichtiger schien und was mich heute noch sprachlos lässt, ist die Tatsache, dass Europa, die UN und die USA in den Jahren 1992, 1993, 1994 bis ins Jahr 1995 fast tatenlos zugesehen haben, wie Tausende, ja Hunderttausende von Menschen, welcher Seite auch immer, Opfer eines brutalen, an Grausamkeit kaum zu überbietenden Kriegs wurden, eines Kriegs noch dazu, der mitten in Europa tobte.

Prolog

Eine Frage der Ehre – Sarajevo 1992 – 1993

Im Juni 1991 brachen in Kroatien heftige Kämpfe aus. Der Grund? Kroatien und Slowenien hatten ihre Unabhängigkeit von Jugoslawien erklärt. Alle diplomatischen Anstrengungen der EU, den Konflikt beizulegen, schlugen fehl.

Ein Drama nahm seinen Lauf. Kaum ein Jahr später, am 3. März 1992, erklärte die Republik Bosnien und Herzegowina ihre Unabhängigkeit von der Sozialistisch Föderativen Republik Jugoslawien und fünf Wochen darauf wurde sie international als unabhängiger Staat anerkannt. Während jedoch die kroatischen und die muslimischen Bosnier bedingungslos für die Unabhängigkeit von Bosnien und Herzegowina einstanden, wurde diese von den bosnischen Serben schlichtweg abgelehnt.

Am 2. Mai begannen serbische Einheiten mit der Belagerung der Stadt Sarajevo, der Hauptstadt der Republik. Die jugoslawische Bundesarmee zog in den Folgemonaten Hunderte schwere Artilleriegeschütze, Mörser und Panzer auf dem *Mont Igman* westlich von Sarajevo und auf den anderen, die Stadt dominierenden Höhenzügen, zusammen. Was folgte, war ein mörderischer Krieg im Herzen Europas und ein menschliches Drama ohnegleichen. Im Rahmen der Schutztruppe der Vereinten Nationen (UNPROFOR) wurde das zweite Fallschirmjägerregiment der Fremdenlegion (2. REP) im Dezember 1992 und im Januar

1993 von Korsika nach Sarajevo verlegt. Ich war einer dieser Legionäre. Die sechs Monate hätte ich ebenso in der Hölle verbringen können, denn Sarajevo, von Januar 1992 bis Juli 1993 war ein Inferno.

Der emotionale Schock saß von Beginn an sehr tief. Es war nicht die Aussicht, verletzt oder getötet zu werden, die mich schockierte, sondern das Leid und die Armut auf der einen und die Methodik, die Gleichgültigkeit und die Unmenschlichkeit auf der anderen Seite. Und schockierend war auch die Tatsache, dass es uns einfachen Soldaten unmöglich war, effizient einzuschreiten, um diesem unmenschlichen Konflikt ein Ende zu bereiten. Wir Legionäre beklagten einen Toten und dreiundzwanzig Verletzte. Die Toten und Verwundeten auf Seiten der direkten Kriegsparteien gingen in die Tausende. Aber ob Blauhelme, Kroaten, Bosnier oder Serben: jedem machte dieser Krieg auch psychisch zu schaffen. Aus der Sicht des *Soldaten* – und des *Menschen* Thomas Gast – möchte ich von unseren Einsätzen berichten.

Quelle connerie la guerre!

„Welch Dummheit, dieser Krieg!"

(COLONEL MICHEL POULET, REGIMENTSKOMMANDEUR DES 2. REP 1992 – 1994)

Anfang des Jahres 1992 gingen wir Legionäre des 2. REP unseren ganz normalen Gepflogenheiten nach. Ständige Operationen, Einsätze und Manöver, das war unser tägliches Brot. Es lagen schwere Monate des Einsatzes hinter uns, hauptsächlich in Afrika: Tschad 1990 (Opération Epervier), Ruanda 1990 (Opération Noroît), wieder Tschad 1991, Irak 1991 (Opération Daguet – nur GCP) – wir fanden einfach keine Ruhe, aber das war gut so. Schweiß auf der Stirn, die Kampfstiefel an den Füßen, ein Leben am Limit und im Ungewissen, einen Rucksack oder besser noch den Fallschirm auf dem Rücken, das war unser Leben.

Gegen Ende des Jahres, am 9. Dezember 1992, intervenierte unsere 3. Kompanie in Somalia. Die Opération Oryx (Restore Hope) nahm ihren Lauf. Legionäre und US-Marines kämpften Seite an Seite. Somit waren wieder einmal fast alle Kompanien im Einsatz oder wie wir damit beschäftigt, den Rucksack und die Bündel zu schnüren, um in ein Einsatzgebiet zu verlegen.

Den Männerschlag *Paras Legion* zu beschreiben, der in den Jahren 1987 bis in diesen Sommer 1992 hinein das Regiment prägte, dazu bräuchte es zehntausend Worte. Ich versuche es mit drei: Rastlosigkeit, Professionalität, Stolz! Von Mitte März bis Mitte Juli 1992 war ich als junger Unteroffizier mit meiner Kompanie für eine

Kurzmission (MCD) in Dschibuti zur *Opération Iskoutir* abkommandiert. Kurz nach unserer Rückkehr kam es in Calvi zu einer Kommandoübergabe.

Links im Bild: Colonel Remy Gausseres, Chef de corp du 2. REP. Handshake mit dem Autor im Tschad, 1991

Unser Regimentskommandeur, Colonel Remy Gausseres, von dem ich sehr große Stücke hielt, von dem aber einige sagten, dass das Regiment nur seinetwegen nicht geschlossen im Irak zum Einsatz gekommen war, übergab das Regiment an seinen Nachfolger, Colonel Michel Poulet. Auch dieser neue Regimentskommandeur flößte mir von Beginn an die allergrößte Ehrfurcht ein. Warum? Nun, Michel Poulet war Chef durch und durch. Er war geboren, ein großartiger Kommandeur zu sein. Wir Legionäre spürten das. Zum Anlass der *Montagspredigt* nach trinkfesten Wochenenden pflegte er zu sagen: *„Es ist normal, mit neunzehn im Einsatz sein Leben zu lassen, aber es ist eine große Dummheit, mit dreiundzwanzig Opfer eines banalen Autounfalls zu werden."* Er meinte uns Legionäre und Unteroffiziere des 2. REP und natürlich hatte er recht damit.

Seine Worte waren stets von höchster Eindringlichkeit, denn wir waren beileibe keine Chorknaben. Befanden wir uns im Einsatz, dann kämpften wir, waren wir bei der Ausbildung, dann sehnten wir uns nach Einsätzen, waren wir aber am Wochenende in der Garnison in unserer schönen Balagne (unsere Garnison war Calvi, im Nordwesten der Insel Korsika), dann ging es dort auch mal hoch her. Soldaten feiern nun mal die Feste, wie sie fallen, und wir bildeten da beileibe keine Ausnahme! Ich kann mich an viele Wochenenden erinnern, an denen ich und ein oder zwei Freunde das *Camp Raffalli* samstagnachmittags verließen, nur um kurz ein, zwei Baguettes, eine oder zwei Flaschen Wein vom benachbarten *Clos Culombu* und etwas korsischen Käse zu kaufen, Dinge also, die wir abends in der guten Stube bei einem tiefgründigen Gespräch genüsslich verzehren wollten. Diese Art Exkursion endete oft so, dass wir in der Stadt *kleben* blieben. Wir trafen andere Legionäre, zum Beispiel die der zweiten oder dritten Kompanie, die vielleicht gerade vom Einsatz zurückkamen und die natürlich immer irgendetwas Aufregendes zu erzählen hatten. So ergab oft ein Wort das andere und ehe wir uns daran erinnern konnten, warum wir das Camp überhaupt verlassen hatten, war es bereits Sonntagfrüh Punkt sieben. Und es war auch genau die Zeit, in der *Emile*, der Besitzer der Bar *Chez Emile* den letzten Drink einschenkte. Auf Emile ließen wir nichts kommen. Emile, Calvi und das 2. REP im selben Atemzug zu nennen, war normal. Wenn Emile einem Legionär, egal der Kosten und Umstände, egal des Dienstgrades, helfen konnte, dann tat er das. Er hatte in vielen Dingen wohl mehr Einfluss in der kleinen Touristenstadt als Bürgermeister Zanotti.

Dass der Balkankrieg schon begonnen hatte, merkten wir zuerst daran, dass sich die Reihen unserer jugoslawischen

Legionäre *peu à peu* lichteten. Auch der ein oder andere Kamerad, der nicht der slawischen Rasse angehörte, verschwand plötzlich auf Nimmerwiedersehen. Beide Kategorien, ob nun die Jugoslawen oder die, die sich ohne patriotisches Denken davonstahlen (meist waren es Deutsche, Engländer und Niederländer), kannte ich bestens. Es waren wunderbare Kameraden, deren Handeln, so unterschiedlich die Gründe auch waren, ich nur allzu gut nachvollziehen und auch verstehen konnte. Bei Letzteren war auffallend, dass es sich um Männer handelte, die in ihren Kompanien immer zu den Besten gehörten. Egal, was getan wurde, sie waren immer vorn dran. Sie liebten und verachteten das Leben. Und sie sahen teils spöttisch von oben auf all diejenigen herab, die sich mit dem *normalen* Leben abseits aller Extreme begnügten. Das bereits recht aufregende Leben eines Legionärs im Dienste des 2. REP genügte ihnen schon nicht mehr, denn für sie war jeder Tag, an dem nicht gekämpft wurde, ein verlorener Tag.

Waren es Söldner?

Den Ausdruck Söldner möchte ich für sie nicht verwenden. Er steckt voller negativer Nuancen und wer Menschen immer nur anhand von Klischees, anhand von Worten, von Bezeichnungen oder nach ihrer von uns erfundenen, klassifizierten Gesellschaftsfähigkeit beurteilt, der kennt das Leben nicht. Und er tut unrecht! Aus Unwissenheit und aus einer komfortablen Situation heraus ist es leicht, jemandem einen Stempel auf die Stirn zu drücken. Schwieriger, aber richtiger wäre es, alles von zwei Seiten zu sehen, einige Meilen in den Stiefeln dieser Menschen zu marschieren oder sich mit ihnen intensiv zu beschäftigen, *bevor* man sie – und sei es nur verbal – verurteilt. Marschiert bin ich mit ihnen auf drei Kontinenten; an intensiven Gesprächen hat es dabei nie gefehlt und mein Bild von ihnen ist auch heute noch klar und intakt. Meist kämpften sie nicht für Geld, sondern für eine Stange Zigaretten, für eine Essensration oder für eine kostenlose warme Unterbringung, denn die Wintermonate auf dem Balkan waren und sind sehr rüde. Söldner? Nein! Es waren Männer, die sich nichts vorschreiben ließen. Von niemandem. Sie nahmen ihr Leben selbst in die Hand, lebten es so, wie es ihnen gefiel. Es scheint mir wichtig, an dieser Stelle zu betonen, dass sich speziell diese Männer auch im Einsatz an den brenzligsten Krisenherden (Sarajevo, Mostar, im belagerten Gorazde oder anderswo) stets an den Ehrenkodex der Legionäre erinnerten und danach handelten. Zumindest die, die ich kannte und deren Wirken ich teilweise verfolgte, waren keine skrupellosen Bombenleger und Kampfmaschinen ohne Hirn und Moral. Es waren Soldaten, die sehr wohl zwischen Gut und Böse abwägen konnten und die sich von niemandem dazu zwingen ließen, irgendwelche Schandtaten zu begehen. Im Gegensatz zu Terroristen liebten sie die *Eins-eins*-Situation. Sie kämpften gegen gleichwertige Gegner, gegen reguläre Soldaten, gegen bewaffnete Freischärler, niemals aber gegen Unbewaffnete, nie gegen Frauen und Kinder. Die Chance, selbst getötet zu werden, bestand immer. Gäbe es diese Chance nicht, dann wären sie wohl Arzt, Pfarrer oder Ingenieur geblieben, denn genau das, die Möglichkeit des eigenen Todes, der Nervenkitzel und die Ungewissheit, war das Salz in ihrer Suppe.

Vielleicht ist es für den Leser interessant zu wissen, dass der kroatische Generalleutnant Ante Gotovina (alias Grabovac) ein ehemaliger Legionär war. Gotovina diente fünf Jahre in der Legion und erlangte den Dienstgrad *Caporal-chef* (Hauptgefreiter). Er wurde Franzose, arbeitete lange Zeit in Frankreich in der Sicherheitsbranche und war später Mitglied des Vereines ehemaliger Fallschirmjäger der Fremdenlegion (AALP). Als 1991 der kroatische Unabhängigkeitskrieg begann, kehrte er in seine Heimat zurück.

Auch der Serbe Milorad (Lukovic) Ulemek, Spitzname *Legija Ulemek*, hatte in der Legion gedient. Er war etwa zur selben Anfangszeit im 2. REP wie ich, sprich 1985/1986. Milorad desertierte nach kaum sechs Jahren Dienstzeit und trat erst wieder in Erscheinung, als 1992 in Jugoslawien der Krieg ausbrach.

Moralisch unverantwortlich

Fast sechshundert Augenpaare waren auf Colonel Poulet geheftet, als er uns an einem Montag im August 1992 folgendes Versprechen gab: *„Ich werde euch in einen Krieg führen oder dorthin, wo ihr euch beweisen könnt!"* Wer den Regimentskommandeur kannte, der wusste, dass es keine leeren Worte waren. Diese Worte waren aber auch zweischneidig. Ich persönlich war felsenfest davon überzeugt, dass unser Kommandeur bereits über einen kommenden Einsatz Bescheid wusste. Warum? Weil der Regimentskommandeur eines 2. REP nicht nur Einfluss hat, sondern auch heiße Drähte, die, über verschiedene Umwege, bis in die Spitze der politischen Entscheidungspyramide reichten. Die oben angesprochene Zweischneidigkeit seiner Worte zu erkennen, das dauerte etwas, doch auch der begriffsstutzigste Legionär hatte den Sinn dahinter bald verstanden. Die Gerüchteküche brodelte heftig; Richtung Osten sollte es gehen, in den Balkan.

Es sollte vielleicht gar kein Kampfeinsatz werden. Irgendwann stand das Wort dann im Raum: UNPROFOR – Menschenrechte, Friedenssicherung, ein humanitärer Auftrag also. Endlich war die Katze aus dem Sack. Ein psychologischer Krimi bahnte sich an. Zum ersten Mal in der Geschichte der Paras der *Légion étrangère* sollte das *Képi Blanc* gegen das blaue Barett der Vereinten Nationen getauscht werden. Einen inneren Konflikt hatte somit fast jeder von uns.

Warum? Nun, wir waren für den Kampfeinsatz gedrillt. Das ergab sich allein schon aus der Tradition der Fallschirmjäger der Legion. Sie war kurz, aber auch sehr dynamisch und explosiv. Ich kann heute ganz genau nachvollziehen, wie es in meinem Kopf und wohl auch in dem vieler anderer Unteroffiziere und Mannschaftsdienstgrade aussah, als das Wort UNPROFOR zum ersten Mal fiel: wie Kraut und Rüben! Wir konnten uns ganz einfach nicht vorstellen, welche Aufgaben ein humanitärer Blauhelmauftrag beinhaltete und was man de facto von uns erwartete. Freunde der regulären französischen Armee kontaktierten uns. Sie fragten nach, ob man sich über uns lustig mache und was das Ganze überhaupt soll. *Paras Legion* und *Blauhelm* in einem Satz zu nennen, das war sogar für sie, wie die Sonne mit dem Mond zu vergleichen. Galt es nun Suppe an Menschen zu verteilen, die in langen Warteschlangen standen und ungeduldig darauf warteten? Oder Reissäcke und Decken an den Mann zu bringen? Vielleicht wollte man gar, dass wir Flüchtlingscamps bewachten, also Polizei und Aufpasser spielten?

Wir sollten bald Antworten auf all diese Fragen bekommen, denn plötzlich ging alles Schlag auf Schlag. Zunächst mussten Einheiten vom Typ *Ternär-Jugoslawien* geschaffen werden. Für unsern Balkaneinsatz in Sarajevo waren zunächst drei Kompanien geplant. Eine Versorgungskompanie. Die erste Kompanie des 2. REP, Spezialisten im Orts- und Häuserkampf. Die vierte Kompanie des 2. REP, Scharfschützen, Sniper und Saboteure. Hinzu kamen die CRAP, Spezialisten im Antiterrorkampf. Ab März 1993 auch Teile der CEA (schwere Kompanie, ein Zug bereits im Dezember 1992 für die Sicherheit des PTT-Building).

Ternär bedeutete, dass eine Kompanie drei Züge und jeder Zug drei gleich starke Gruppen hatte. Dem zu erwarteten Kontext entsprechend wurde das Scharfschützenkontingent in den Kompanien verdoppelt. Ab sofort gab es pro Gruppe nicht wie vorher nur einen, sondern gleich zwei Scharfschützen. Beide verfügten über das Scharfschützen- Repetiergewehr FRF2 vom Kaliber 7, 62 x 51 mm. Auf Kompanieebene hatten wir drei PGM 12,7 mm oder die gleichwertige Mac Millan selben Kalibers.

Quasi über Nacht wurden alle Scharfschützen zusammengezogen und weitergebildet. Das war wichtig, weil die meteorologischen Gegebenheiten in Sarajevo anders sein würden als in Frankreich oder in Afrika, wo wir sehr oft operierten. Die Temperaturunterschiede nahmen enormen Einfluss auf die Ballistik. Ich selbst hatte gerade als stellvertretender Lehrgangsleiter das CME F2 organisiert und durchgeführt, wurde aber von *Capitaine de Pompignon*, meinem Hauptmann, übergangslos zum Lehrgangsleiter für den kommenden Scharfschützenlehrgang der ersten Kompanie nominiert. Es war eine knappe Kiste, denn das CME endete freitagnachmittags, der Scharfschützenlehrgang begann montags darauf: alles militärisch korrekt!

Fragen? Keine. Wegtreten.

Langeweile kam also gar nicht erst auf!

Die erste Kompanie organisierte zusätzliche, weiterführende Lehrgänge in der Domäne Orts- und Häuserkampf, Fokus auf Checkpoints, deren Anbringung, Überwachung, Verhalten bei IEDs, Filterung von Kfz und Personen usw. Uns blieben nur wenige Wochen. Unsere Jugoslawen, beziehungsweise die Legionäre, die der Sprache mächtig waren, waren besonders gefragt. Sie sollten in ihren Zügen als Dolmetscher fungieren. Jeder Zug hatte mindestens drei oder vier solcher Legionäre. Eine sehr wichtige Rolle sollte unser Major Sabljic (Kroate) einnehmen: Er hatte einen respektablen Dienstgrad, sprach Serbokroatisch, war Diplomat durch und durch. Das alles war Gold wert.

Überhaupt, verglichen mit anderen Armeen, hatten wir mit weit mehr Vorteilen aufzuwarten als nur mit der *Maîtrise Linguistik,* dem Beherrschen der Sprache. Das wussten wir jedoch bereits aus vorausgegangenen Einsätzen, auch wenn diese nicht unbedingt einen humanitären Charakter besessen hatten. So zum Beispiel lag das Durchschnittsalter unserer erfahrenen Legionäre bei etwa 24 Jahren. Die meisten von ihnen hatten die Feuertaufe (Kampfeinsatz) schon hinter sich. Und sie hatten sich bereits im Zivilleben ausgezeichnet und bewährt. Genau das benötigten wir im kommenden humanitären Kontext ganz dringend.

Helfen um jeden Preis!

Die Vielfältigkeit unserer unterschiedlichen Berufe und das, was wir mit unserem geistigen, vor allem aber auch mit unserem handwerklichen Geschick zu vollbringen imstande waren, sollte uns viele Sympathien einbringen, doch das war zweitrangig. Wichtiger war: wir konnten helfen! Genau deswegen, so fühlten wir es, waren wir auch auf dem Sprung: um zu helfen! Da waren Pfarrer, Administratoren, Köche, Elektriker, Dolmetscher, ehemalige Ärzte, Ingenieure, Klempner, Krankenpfleger, Metzger und vieles mehr in unseren Reihen! Die Waffe in der

Rechten, das Stethoskop, die Bibel, den Verbandskasten oder die Maurerkelle in der Linken, sollten alle von uns nur ihr Bestes geben! Und dazu hatten wir, wie sich später herausstellen sollte, was aber auch schon bekannt war, auch noch das Herz am richtigen Fleck! Ohne es damals zu ahnen und ohne Wenn und ohne Aber, stand es bereits fest: Wir waren die richtigen Soldaten für diesen Auftrag.

Fast ohne Ausnahme wurden alle Offiziere und Unteroffiziere politisch etwas geschult und so fügte sich schnell das Puzzle zusammen. Fast zeitgleich warteten Frankreich und seine weiträumigen Truppenübungsplätze auf uns. Der Auftrag? Wir sollten uns technisch, taktisch und mental auf neues Equipment und insbesondere auf neue Einsatzgrundsätze vorbereiten.

In Sarajevo würden VAB und VBL (gepanzerte Fahrzeuge) unsere zukünftigen Weggefährten sein. Wir kannten weder den einen noch den anderen dieser neuen Gefährten sehr gut. Auch war die Bewaffnung dieser gepanzerten Fahrzeuge wenn schon nicht unbedingt neu für uns, dann aber neu in der Art, sie zu montieren, sie zu bedienen und einzusetzen. Die VAB-Schützenpanzer hatten als Hauptbewaffnung entweder die 20-mm-Maschinenkanone unterstützt von einem koaxialen MG-ANF1 7,62 mm oder das schwere MG 12,7 mm (Browning Cal. 50.). Für die Fahrer war es natürlich eine besondere Herausforderung. Hatten sie es vorher in Afrika mit den Willis Jeeps, mit Marmon, Dodge oder VLRA zu tun, so war der dreizehn Tonnen schwere VAB-Schützenpanzer schon ein ganz anderes Kaliber, dessen Fahrverhalten bei Kälte, auf Eis und im Schnee wir in Frankreich leider nicht genügend testen konnten. Wo bei anderen Fahrzeugen eine Kupplung war, war beim VAB nur gähnende Leere. Trat der Fahrer aus Gewohnheit dennoch auf die *vermeintliche* Kupplung, gab es einen Ruck, das Fahrzeug bremste ruckartig ab und Fahrer und Beifahrer hatten ein blaues Auge, weil die Kupplung eben nun mal die Bremse war und die tatsächliche Kupplung mit der Hand bedient wurde. Nun, es brauchte eben seine Zeit. Sich mit Schutzweste, Helm, Waffe und dem ganzen restlichen *Gerödel* in einen VBL zu zwängen, war auch nicht ganz ohne. Diese Enge und dieses *Sich-hinter-Stahlplatten-verstecken* lagen nicht in unserer Natur und waren sehr gewöhnungsbedürftig.

Ich nehme es vornweg: Unsere VAB lernten wir lieben und hassen. Lieben, weil sie uns Schutz boten. Ohne sie hätten wir jeden Tag Tote zu beklagen gehabt, so viel war sicher, denn man schoss ständig auf uns. Und wir hassten sie, weil die Fahrzeugwaffentechnik der Situation absolut nicht angepasst war. Zwar konnten wir problemlos ein Ziel erfassen und es bekämpfen, doch es gab zwei enorme Schwachstellen. Zum Nachladen – und das brauchte etwas Zeit – mussten wir uns aufs Dach des Fahrzeugs begeben, waren somit ein leichtes Ziel. Hinzu kam, dass fast alle wichtigen Verbindungskabel der 20-mm-Kanone zwischen Zieloptik, elektronischer Abzugseinrichtung etc. ungeschützt auf dem Dach des Fahrzeugs verliefen. Die Erfahrung sollte uns zeigen, dass sich auch Serben und Bosnier diesen Missstand zugute machten. Wollten sie uns neutralisieren, brauchten sie nur zwei oder drei MG-Garben auf die Leitungen abfeuern und das war's. Und genau das taten sie später auch zur Genüge.

Noch war es ein Spiel. Für die Zug- und Gruppenführer bedeuteten all diese Umstellungen, dass wir den größten Teil unserer erlernten und auch bewährten und oft angewandten Sturmtruppen-Kriegstaktik über Bord werfen mussten. Dass wir uns damit einen großen Gefallen taten, erfuhren wir erst später. Aus uns wurde eine Einheit motorisierter Infanterie: Das zu erfahren, war zunächst ein Schock. Die abgesessene Gefechtsführung – das merkten wir bald – aber blieb und die Vorteile, die uns die Schützenpanzer boten, lernten wir in Sarajevo natürlich ganz schnell kennen.

Das Schwierigste jedoch stand uns noch bevor. Wir waren es gewohnt, auf militärische Aggressionen uns gegenüber immer sofort zu reagieren. Offensiv zu reagieren! Schoss jemand auf uns, so griff sofort ein Zahnrad ins nächste über. Gruppenweise, und innerhalb der Gruppen geteilt in *Équipe de choc* und *Équipe de feu,* gingen wir üblicherweise noch aus der Bewegung heraus zum Gegenangriff über. Das war unsere Maxime, so hatten es uns unsere Vorgänger und Ausbilder eingebläut. Überraschung, Schnelligkeit, Schockwirkung und Know-how: Meist war das dem Gegner zu viel!

Im strikt humanitären Kontext, wie er mit Sarajevo mit Riesenschritten auf uns zukam, konnten wir nichts dergleichen anwenden, denn es gab die *Rules of Engagement (RoEs)*, diese irrwitzigen Vorgaben bzw. Regeln zur Anwendung militärischer Gewalt. Diese galten für alle. Bis auf wenige Ausnahmen waren diese Regeln absurd und nicht anwendbar. Das Feuer durfte nur eröffnet werden, wenn man auf uns schoss und der Gegner als solcher klar erkennbar war. Stellen Sie sich eine Häuserfassade vor, in der es auf einer Front (und auf der Front dahinter) 200 Öffnungen, also 200 Möglichkeiten gab, auch aus der Tiefe des Raumes heraus, auf uns zu schießen. Es fällt ein Schuss, dann ein zweiter, ein Soldat fällt zu Boden! Die normale Reaktion wäre: absitzen, Feuer blind erwidern, Feind binden, ihn blitzschnell umgehen, ihm den Fluchtweg abschneiden bei gleichzeitigem Eindringen in das infrage kommende Gebäude. Nach oben gemeldet wird während der Aktion oder kurz danach.

Dieses Problem hatten die Serben zum Beispiel nicht. Ich habe selbst erlebt, wie sie mit zwei T-55 aus vollen Rohren auf die Fensterreihe eines Gebäudes schossen, aus denen ein bosnischer Sniper einen einzigen Schuss auf sie abgegeben hatte. Es galt, psychologische Schwerstarbeit zu verrichten. Und es brauchte seine Zeit und viele Einzelgespräche, um zähneknirschend nach oben melden zu können: Auftrag ausgeführt!

Wir und unsere hitzköpfigen, kampferprobten Legionäre können auch mit *Blauhelmmissionen* gut umgehen. Das war natürlich ein etwas voreiliger Schluss, doch im Großen und Ganzen entsprach es den Tatsachen. Ich treffe an dieser Stelle so etwas wie eine vorgezogene Bilanz. Nie in meinem Leben habe ich Männer gesehen, die sich so schnell, so exzellent und mit so viel – ich möchte fast sagen – Selbstverleugnung auf eine neue, unbekannte Aufgabe eingestellt und diese zur Zufriedenheit aller auch umgesetzt haben wie unsere Legionäre! Alle Skeptiker wurden im Block Lügen gestraft. Die Paras des 2. REP meisterten ihren humanitären Einsatz Sarajevo 1992 bis 1993 mit großer Bravour. Natürlich gab es ab und zu Baustellen, doch an denen bastelten wir ständig, und diese Baustellen bestätigten allenfalls die Regel.

Wir, die wir vor nicht einmal einem Jahr noch davon überzeugt waren, im Irak eingesetzt zu werden, bereiteten uns nun akribisch auf diesen humanitären Einsatz vor. Die ersten Befehle sahen vor, kurz nach Weihnachten 1992 eine Vorausabteilung nach Sarajevo zu entsenden. Fast alle Soldaten dieses Vorauskommandos (précurseurs) hatten Stellvertreterfunktion. Es handelte sich hauptsächlich um die stellvertretenden Zugführer und Kompaniechefs der 1. und der 4. Kompanie des 2. REP. Mit von der Partie waren auch ranghohe Vertreter der Stabs-, Versorgungs- und Nachschubeinheiten (UCS). Wir sollten, jeder auf seinem Niveau, eine wertvolle Arbeit leisten, denn in derselben Minute, in der das Hauptkontingent etwa zwei bis drei Wochen später Fuß fassen würde, sollte der Auftrag unverzüglich beginnen. Umziehen, duschen, sich umsehen oder großartig Fragen stellen – das alles würde es für sie aus Zeitgründen nur bedingt geben.

Welcome to Sarajevo

Cette ville est bouclée, fermé, retiré du reste du monde. C'est n'est pas acceptable.

Diese Stadt ist eingeschlossen, belagert, abgeschirmt vom Rest der Welt. Das ist nicht akzeptabel.

(FRANÇOIS MITTERRAND, DER MANN, DER PARTOUT KEINEN KRIEG MIT DEN SERBEN WOLLTE.)

La ville cosmopolite de Sarajevo qui avait fait la démonstration, que des peuples différents peuvent vivre ensemble … Mladic ne voulait pas ça.

Die mondäne, weltoffene Stadt Sarajevo, die Zeuge davon war, dass verschiedene Völker zusammenleben können … Mladic wollte das nicht.

(GENERAL GOBILLARD)

Als Sergent und stellvertretender Zugführer stieg ich kurz nach Weihnachten in Bastia an Bord des Flugzeugs, das uns zunächst nach Split brachte. Von dort aus ging es mit einer Militärmaschine C-130 Hercules weiter direkt nach Sarajevo.

Sarajevo liegt im Herzen eines lieblichen Tals, in dessen Mitte sich der Miljackafluss schlängelt. Stark bewaldete, mit Schnee bedeckte, sanfte Hügel und mittelhohe, teils schroffe Berge dominieren den Ort, der 1984 die Olympischen Winterspiele beherbergte. Sportlich gesehen war diese Stadt sicher ein interessantes Pflaster, aus militärischer Sicht jedoch kam sie einer Katastrophe gleich. Für die Verteidiger zumindest! Ich war weder der erste noch der letzte Soldat, dem die verblüffende Ähnlichkeit mit einem anderen, ebenfalls tragisch-berühmten Tal auffiel. Ja! Die Sarajevosenke hatte schon sehr viel mit dem Talkessel Dien Bien Phu (Indochina) gemeinsam. War es ein böses Omen? Um die Stadt herum gab es Dörfer, bosnische und serbische. *Kasindolska, Nedarici, Skanderija, Dobrinja, Lukavica, Krupac, Hrasnica, Butmir, Ilidza*, um nur einige von ihnen zu nennen. Diese Stadtteile oder Dörfer – gehörten sie nun den Serben oder den Bosniern – hatten alle eines gemeinsam: Sie trugen die Male des schrecklichen Kriegs, die einen mehr, die anderen weniger. Es waren Orte, in denen Kinder über Nacht erwachsen wurden.

Warum?

Weil sie die Sonne nie sahen!

Aus Angst vor Snipern und der serbischen Artillerie lebten sie in unterirdischen Bunkern, in Kellern und teilweise in Höhlen unter den Kellern. Der Himmel hatte für sie nur eine Farbe: bleigrau! In der ganzen Stadt gab es kaum Medikamente, keinen

Alltag im zerstörten Sarajevo 1992.

Strom, kaum Trinkwasser, kein Fleisch und keine Hoffnung, all das zu bekommen. Von überallher drang der Gefechtslärm an ihre Ohren; die roten Streifen der Leuchtspurmunition verschossen aus *Kalaschnikows*, *Douchkas* und *Pragas* zogen unkontrollierte Bahnen am Himmel. Rauchschwaden und aufgewirbelter Dreck zeugten von den gewaltigen Detonationen einschlagender Mörser und Artilleriegranaten.

Die menschliche Perversität zeigte sich vor allem auch an den Wochenenden. Es war tatsächlich so, dass sich aus den weiter entfernten Provinzen und auch aus dem restlichen Europa sogenannte *Wochenendkämpfer* auf den Weg nach Sarajevo machten. Es waren ausländische Söldner der übelsten Sorte, aber auch reiche Bonzen, die sich in ihrem Luxus langweilten: Beide Sorte Mensch hatten eine Perversität gemeinsam: Sie empfanden Spaß am Töten! Ich vergleiche sie immer mit *Touristen*, die auf die Schnelle ein oder zwei Mal im Jahr nach Afrika reisen, um dort einen gesunden Löwen oder einen in der Blüte seines Lebens stehenden Elefantenbullen zu schießen. Nun, in diesem Krieg verhielt es sich ähnlich. Profis, Amateure und Hobbysoldaten rückten wie gesagt freitags an, schossen aus der Ferne und in relativer Sicherheit auf alles, was ihnen vor die Flinte kam, nur um sonntagabends und völlig inkognito wieder zu verschwinden, stolz darauf, eine Kerbe mehr in den Schaft ihrer Waffe schnitzen zu können. Das alles nur mit dem Unterschied, dass es sich in Sarajevo nicht um Elefanten oder Löwen handelte, sondern um Menschen.

Eine Kerbe, ein wehrloses Kind? Zwei Kerben, eine Frau? Drei, ein Mann, der noch nie eine Waffe in der Hand hatte?

Wie tief kann der Mensch noch fallen?

1.600 Kinder starben während der Belagerung, die als längste Belagerung überhaupt einer Stadt im 20. Jahrhundert in die Geschichte einging. Von April 1992 bis Februar 1996, also ganze

1.425 Tage, war die Bosnienmetropole eine düstere, umzingelte, ausgehungerte Stadt.

Das war das Sarajevo, das wir sahen, als wir im Dezember 1992 hier ankamen. Zumindest der zweite Blick aber erzählte mir persönlich eine ganz andere Geschichte. Eine, die Hoffnung machte. Kontakte mit Bosniern hatten wir jeden Tag und was ich sah, war erstaunlich. Inmitten der Hölle von Sarajevo und innerhalb von nur sechs Monaten habe ich mehr Zusammenhalt und Heroismus gefunden als in irgendeiner anderen Stadt in Europa über all die vorhergegangenen Jahre hinweg. Die Männer gingen zur Arbeit, auch dann, wenn es nichts zum Arbeiten gab wie in den meisten der Fälle. Es war ein symbolischer Akt. Und sie kämpften an der Front, besser gesagt an den vielen einzelnen Fronten, die sich täglich öffneten, verschoben oder schlossen. Die Frauen und Kinder machten einen sauberen und gepflegten Eindruck. Selbst wenn sie von einer Deckung zur nächsten rannten, raubte ihnen dies nichts von ihrem Stolz. Meine Helden in diesem Krieg waren ebendiese Frauen und Kinder. Sie trugen ihr Los und den ganzen Krieg mit Würde. Das beeindruckte mich mehr als die täglichen militärischen Machtdemonstrationen der Serben. Und nein! Hier spricht nicht der Militär in mir, sondern ein simpler Vertreter der Rasse Mensch. Der Soldat in mir nämlich sah es weniger romantisch. Er mahnte mich zu jeder Minute zur absoluten Neutralität, mahnte mich, Vorsicht und Misstrauen walten zu lassen. Allen Kriegsparteien gegenüber. Und dieses Misstrauen war auch angebracht.

In Sarajevo wurden wir von den Marinesoldaten des RICM in Empfang genommen. Diese Jungs, in deren Reihen es auffallend viele Tahitianer gab, waren wirklich gut. Die Übergabe war bestens geplant, alles verlief schnell und reibungslos. Bis ins kleinste Detail kooperativ vermittelten sie uns nicht nur den ersten Eindruck der hier zu vollbringenden Aufgabe, sondern sie übergaben uns auch ein *Kriegsmaterial,* das gut gepflegt und instand gehalten war. Nur was die Munition anbelangte, so hätte es nach meinem Geschmack etwas mehr sein dürfen. Die Helme *Spectre* waren tauglich, was man von den einfachen Splitterschutzwesten nicht behaupten konnte. Diese hielten eventuell eine Kugel vom Kaliber 9 mm (Weichkern) abgeschossen aus einer Entfernung von 35 Metern gerade noch ab, aber niemals das Projektil einer Kalaschnikow. Erst viele Wochen später bekamen wir schutzsichere Westen. Diese waren unhandlich und schwer, wogen fünfzehn Kilo das Stück.

Damit einen Sturmangriff laufen?

Wohl kaum!

Aber wir waren Blauhelme, mussten uns über so etwas wie einen Sturmangriff keine Gedanken machen.

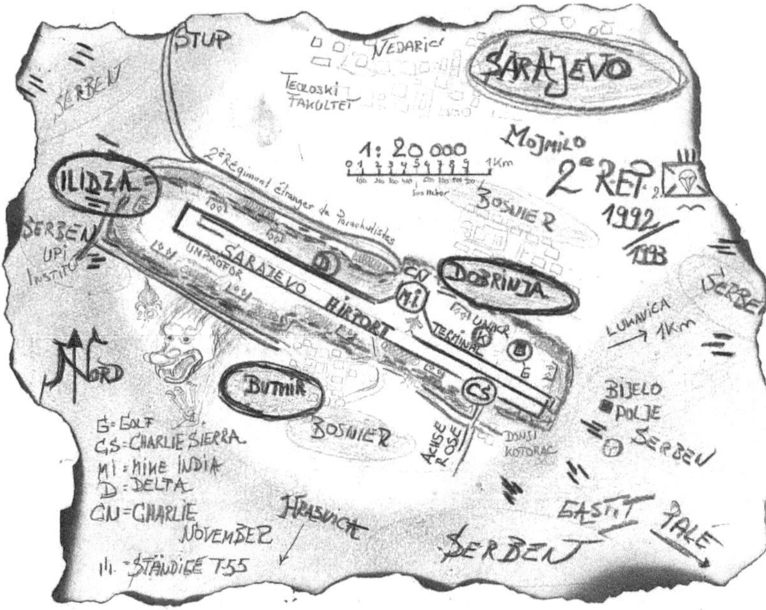

Das Kartenmaterial war veraltet, der Maßstab 1 : 20.000 jedoch angenehm.

Die Unterkünfte gefielen, doch in dieser Domäne ist die Legion sehr eigen. Sie kommt und verändert – und genau das taten wir auch.

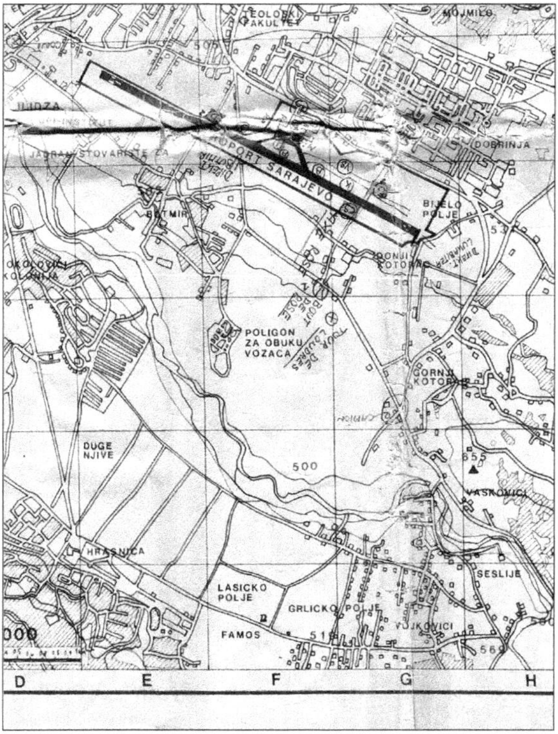

Waren zum Beispiel Gemälde der *Schlacht von Bazeilles* an allen Wänden, so übertünchten wir sie und zeichneten *Camerone* auf weißem Hintergrund. Auch lagerten wir unsere Munition nicht irgendwo zentral, sondern hielten es wie üblich. So hatte jeder Legionär seine gesamte Dotation an Munition im Spind und unter seinem Bett, auch die Hand-, Gewehr- und Panzerfaustgranaten: *toujours pret – allzeit bereit!*

Für den ganzen Rest und um Übergaben offiziell zu machen, hielten es die Waffenbrüder des RICM wie wir: ein Blick genügte, eine Unterschrift folgte. Ohne großes Tamtam, ohne Korinthenkackerei und ohne Argwohn. Wir befanden uns im Einsatz und da brauchte es keine Stapel von Papieren; die gab es in Friedens- und Ausbildungszeiten schon zur Genüge.

Auch der Fuhrpark war in einem hervorragenden Zustand. Jeder Kampfzug hatte vier VAB-Schützenpanzer und auf Kompanieebene gab es das *Véhicule Blindé Léger (VBL)*, sprich Sarajevo-Taxi.

Auftrag

Im Augenblick sind wir Soldaten für die Friedenssicherung, doch wer weiß. Wenn die Lage es erfordert, wenn die Lage sich ändert, morgen, in ein, zwei Wochen oder in einem Monat, können wir übergangslos auf den uns eigenen Einsatztyp umstellen. Und der ist das Kriegshandwerk!

(COLONEL POULET)

Zunächst mussten wir stellvertretende Zugführer die Aufträge entgegennehmen und uns damit zu hundert Prozent vertraut machen. Wir waren unter anderem verantwortlich für:

Die Sicherheit des Flughafens: Geschlossener Beobachtungs- und Verteidigungsring sowie Ein- und Ausfahrtskontrollen. Jede Kompanie hatte ihren Sektor, der Tag und Nacht überwacht wurde. So verteidigte die erste Kompanie Richtung Süden (Butmir, siehe „CP Charlie Sierra“, insbesondere „Achse Rose“ sowie Posten „Delta“) und die vierte Kompanie Richtung Nord- und Nordnordosten (Dobrinja, siehe hauptsächlich Posten „Golf“).

Die Sicherung der stündlich eintreffenden Hilfsgüter: Ab und zu durchdrangen Bosnier, des Nachts und teilweise bewaffnet, den Beobachtungsring, um Vorräte zu stehlen. Einsatz: ständige Patrouillen und Hundeführer der ersten Kompanie.

Die Absicherung bei einem Gefangenenaustausch: Fand meist am Flughafen statt. Einsatz: ein kompletter Kampfzug.

Die Absicherung der humanitären Konvois: Weitziele wie Gorazde, Zepa, Kamenica und Sebrenica. Einsatz: mindestens ein Zug, ein VBL, vier VAB. Wir sicherten mindestens zwei Konvois nach Gorazde und einen, soviel ich mich erinnern kann, nach Zepa. Am 26. Januar 1993 zum Beispiel eskortierte die vierte Kompanie einen aus Belgrad kommenden Konvoi Richtung Gorazde. Der Konvoi selbst bestand aus zehn großen Lastwägen und vier Fahrzeugen für die Verbindungsoffiziere. Die Eskorte setzte sich aus vier Einsatz-VAB, einem Sanitäts-VAB und drei Lastwägen vom Typ TRM zusammen. Letztere waren mit Medikamenten voll beladen. Der Hilfskonvoi kam nie am Ziel an. Die Serben verweigerten die Passage. Der zweite Konvoi nach Gorazde fand statt, um General Morillon zu schützen, der wie ein Befreier in der Stadt empfangen wurde. Die begleitenden CRAP hatten mehrere Schutzengel nötig, um den Ort wieder lebend verlassen zu können. Wie Sarajevo war Gorazde von serbischen Truppen umzingelt. Die Menschen dort hungerten, hatten nur *artisanale* Waffen und nur durch Amateurfunker Verbindung mit dem Rest der Welt.

Die Begleitung und Absicherung der humanitären Konvois (Nahziele) wie Butmir (erste Kompanie), Dobrinja (vierte Kompanie), Ilidza (UCS) etc. Einsatz: jeweils ein VAB und eine Kampfgruppe. Wir von der Ersten gaben den Kindern in Butmir jedes Mal Schokolade, Bonbons und Brot; Dinge, die wir von unseren Rationen eingespart hatten. Sie brauchten es, wir konnten darauf verzichten. Auch wenn ihre Väter nachts auf uns schossen: die Kinder waren nicht schuld am Krieg! Während die UNHCR-Paletten abgeladen wurden, wurden wir, die Unteroffiziere, vom Bürgermeister oft auf ein Glas Slibowitz eingeladen. Dazu berief er immer eine Gruppe seiner Kämpfer mit ein. Bärtige Männer mit meist hohlen Wangen und ausdruckslosen dunklen Augen.

Nicht, dass wir in solchen Situationen gern tranken, es war uns sogar strikt verboten, aber es war der Moment, in dem wir auch wertvolle Informationen sammeln konnten. Und, auch das war interessant, wir saßen womöglich den Männern gegenüber, die eben nachts auf uns schossen!

... blinde Zerstörungswut und ihre Folgen!

Es hätte uns egal sein müssen, aber wir stellten verwundert fest, dass das UNHCR, deren Konvois wir eskortierten und schützten, zwar Reis und Nudeln lieferte, es aber kein Wasser und kein Holz oder Gas gab, um die Gerichte zuzubereiten. Es existierte zwar eine natürliche Wasserstelle und es gab vorgeschriebene Orte, an denen man Wasser abholen konnte, doch davon gab es nicht genug. Besonders der einfache Bürger riskierte nichts weniger als sein Leben, um an Wasser heranzukommen. Die berühmte *Sniper Alley* zum Beispiel war deshalb so – ich sage es bewusst ironisch – attraktiv und lohnend für die serbischen Schützen, weil sie viel frequentiert wurde. Und warum? Nun, weil sie zu einer der einzigen Wasserstellen führte, über die die Stadt verfügte. 225 Tote forderte diese verdammte Straße; darunter waren sechzig Kinder. Die Verletzten gingen in die Tausende. An den Checkpoints, die wir passieren mussten, wurden wir Blauhelme maßlos schikaniert. Hatten wir zum Beispiel zwanzig Paletten mit Konservendosen für die Bevölkerung von Butmir dabei, machte es einigen Serben am Ilidza-Checkpoint einen Riesenspaß, eine nach der anderen vor unseren Augen mit dem Messer zu öffnen ... so dreißig Stück waren keine Seltenheit. Sie machten das absichtlich und bewusst langsam, es könnte ja Munition drin sein, meinten sie!

Die Zerstörung ist überall!

Die tägliche Wasser-Liaison: Es gab nur einen Ort, an dem wir uns mit Wasser versorgen konnten; und das war die Bosna Source. Einsatz: ein VAB, eine Kampfgruppe und mehrere Tanklastwagen, ggf. Feuerwehrwagen der französischen Luftwaffenabteilung.

Das Betreiben des nahen Checkpoints Stup: Zwischen Sonnenauf- und Sonnenuntergang (4. Kompanie / eine Gruppe, ein VAB). Dieser dem Flughafen vorgelagerte Checkpoint wurde fast jeden Tag beschossen, auch mit Mörsern.

Die Sicherheit der Wärmetechniker und Kontrolleure: Diese rückten jeden Tag nach Lukavica, Voikovici und Ilidza aus. Sie zu schützen, war wichtig, denn ohne Schutz hätten sie keine Stunde da draußen überlebt. Einsatz: jeweils ein VAB oder ein VBL pro Ziel und ein Unteroffizier, zwei Legionäre.

Die Sicherheit der Verbindungsoffiziere: Hier mussten jeden Tag gleichzeitig fünf Ziele angefahren werden. Airport Settlement, Butmir, Ilidza, Dobrinja und Nedarici. Allein dieser Auftrag verschlang fünf VAB mit jeweils einem Unteroffizier und drei oder vier Legionären.

Auf Befehl: Die Absicherung VIP-Konvois in Richtung Pale: ein kompletter Zug, ein VBL, vier VAB.

Die Inspektion der Lande- und Startpiste: Täglich wurden eine Gruppe und ein VAB abgestellt, um die Techniker der Luftwaffe bei der Inspektion der Piste zu schützen.

Die Absicherung aller internationalen Konferenzen: ... die am neutralen Flughafen stattfanden, Stichwörter: Cyrus Vance, David Owen, Vance-Owen Plan etc.

Nach Einbruch der Dunkelheit: Siehe Mike India und die Mission Crossing (denen ich ein Extrakapitel widme).

Viele der Legionäre, die tagsüber all diese Aufträge durchführten, hatten sich bereits die vorhergehende Nacht mit der *Mission Crossing* oder mit nächtlichen Patrouillen um die Ohren geschlagen. Sie waren der Beweis dafür, dass man auch über lange Monate hinweg mit nur vier Stunden Schlaf täglich auskommen konnte.

Am 13. Januar flog das Hauptkontingent (erste Welle) der Legionäre nach Sarajevo ein. Drei Tage später, am 16. Januar, übernahm Colonel Poulet offiziell das Kommando von seinem Vorgänger, dem Colonel Sartre. Noch am selben Tag flog die zweite Welle Fremdenlegionäre von Calvi kommend ein. Nur wenig später, nämlich am 20. Januar, befand sich das Legionärskontingent komplett in Sarajevo: 377 Offiziere, Unteroffiziere und Legionäre des 2. REP bildeten ab sofort das *FRENCH-BAT*, das neue BATINF 2 – zweites Mandat!

Einfahrt streng bewacht!

Im Sektor Sarajevo waren drei Bataillone der UNPROFOR aktiv. Ein französisches, ein ukrainisches und ein ägyptisches. Uns unterstützende Pionierkräfte wurden vom *17. Régiment du génie parachutiste (RGP)* gestellt, für Nachschub und Reparaturen war das *14. Régiment parachutiste de commandement et de soutien* aus Toulouse zuständig. Am Flughafen befand sich natürlich auch ein sogenanntes *DETAIR (Détachement air)*. Es war ein Detachement der Luftwaffe. Dieses Detachement hatte die Aufgabe, alle Operationen bezüglich des Flugverkehrs, des Entladens der Fracht sowie das Instandhalten der Lande- und Startpiste zu gewährleisten.

Das Hauptquartier Sektor Sarajevo war im PTT-Building. Dort tummelten sich Offiziere aller Nationen, aber auch Verbindungsoffiziere der Serben, Bosnier und Kroaten. Das Gebäude wurde seit Mitte Januar von einem Zug unserer schweren Kompanie (CEA) bewacht. Das Kontingent war somit vorläufig vollzählig. Wir vom Vorauskommando nahmen unsere Züge in Empfang, wiesen, jeder auf seinem Niveau, die Zugführer und die Gruppenführer ein – und los ging's.

Die Männer waren kaum eine Stunde am Boden, als sie bereits Gewehr bei Fuß ihren Aufträgen nachkamen. Schlafen? Ja! Morgen vielleicht. Da das Regiment endlich komplett war, begannen die Serben als auch die Bosnier uns zu prüfen. Sie schossen auf uns. Meist, um unsere Reaktion zu testen, oft, um jemanden zu verletzen.

Die Situation verschlimmerte sich in dieser dritten und vierten Woche im Januar. In den südlichen Stadtteilen sowie in den *Quartieren Stup* und um den *Mont Zuc* herum verdoppelten sich die Kämpfe. Auch auf den Flughafen fielen die scheinbar willkürlich abgefeuerten Artilleriegranaten. Es schien, als wollten sich alle Kriegsparteien neu oder besser positionieren. Uns blieb nur eines übrig: uns einzugraben, noch mehr Stacheldraht zu verlegen und unsere Aufträge stoisch und mit der uns eigenen militärischen Intelligenz auszuführen. Und genau das taten wir auch. Unsere Stellungen auf der einen sowie die bosnischen Schützengräben auf der anderen Seite erinnerten makaber an die aus dem Ersten Weltkrieg. Einem Krieg – und das war das

Ironische an der Sache –, der in Sarajevo seinen Ursprung hatte. Deutlicher kann ich diese Wahrheit nicht ausdrücken, nur dass wir eben das Jahr 1992 schrieben. Dazwischen lagen fast achtzig Jahre: Hatte die Menschheit nichts dazugelernt?

Inzwischen sah das Flughafengelände aus wie eine Festung: Stacheldrahtverhaue, Sandsäcke, Panzerbarrieren, Erdwälle, um Aggressoren die Sicht zu nehmen; Verteidigungs- und Beobachtungsposten wechselten sich ab.

Die Tarmac-Mission (später umgetauft in „Crossing“) stand natürlich offensichtlich nicht im Mittelpunkt unserer Aufträge, doch sie war es, die uns die ganzen Nächte wach und in Atem hielt. Ich sage deshalb, dass sie nicht im Mittelpunkt stand, weil kaum ein Journalist es je wagte, nachts mit uns hinauszugehen: Zu gefährlich, zu nervenaufreibend war der Job. So wusste die Öffentlichkeit in Europa kaum, welche Dramen sich hier nachts abspielten. Der neutrale Flughafen war das Zentrum des Bollwerks Sarajevo, zumindest für uns. Kroaten, Bosnier, Serben und die UN waren miteinander übereingekommen, dass der Flughafen der UNPROFOR übergeben werden sollte. Demnach durfte die internationale Schutztruppe den Flughafen nur besetzt und für Hilfsflüge offenhalten, solange sie die Bosnier davon abhielt, ihn gleichzeitig als Transitzone für Waffen, Munition, Soldaten etc. zu benutzen. Um das zu gewährleisten, wurden wir Legionäre gezwungenermaßen nachtaktiv, denn jeden Tag um 17h00 (Einbruch der Dunkelheit in Sarajevo) hieß es: raus auf den Tarmac! (Tarmac bezeichnet die Lande- und Startpiste.)

Mission Crossing

Stellen Sie sich eine drei Kilometer lange Lande- und Startpiste vor. Zusammen mit der von jeglichem Bewuchs befreiten Zone links und rechts davon hat sie eine ungefähre Breite von 600 Metern. Der westnordwestliche Streckenteil ist tabu. Es ist der Teil, der total von den Serben aus Ilidza mit Feuer kontrolliert wird. Keine Maus, ist sie auch noch so klein, kann sich hier frei bewegen. Nun, vielleicht doch, aber sie würde keinen Meter weit kommen. Sie liegt nämlich im Bereich der Kampfentfernungen der Serben-MGs und der Serben-Sniper. Und sollte das nicht genügen, so bedienen sich die Serben einfach der Bordkanonen der Schützen- und Kampfpanzer (14,5 mm beziehungsweise 30 mm).

Westnordwest? Das waren 1.000 Meter *Nomans*-Land!

Etwas anders verhielt es sich mit dem mittleren und dem ostsüdöstlichen Teilabschnitt der Strecke. Menschen, die diesen Abschnitt nachts betraten, hatten eventuell eine Chance, diesen unbeschadet überqueren zu können. Doch auch hier rodete der Tod. Folgte man nämlich der Flugpiste bis zu ihrem Ende, stieß man auf einen oder mehrere Kampfpanzer vom Typ T-55. Von dort aus, nahe der Serbenkaserne von Lukavica, schossen diese Ungetüme mit ihren Bordkanonen auf alles, was sich nachts auf der Piste bewegte. Etwas näher, in derselben Achse, stand ein isoliertes Haus bei *Bijelo Polje*. Auch dort waren „Profis" am Werk. Einige Sniper mit hochwertigem Material sowie ein weiterer T-55 mit seiner Bordkanone lagen dort unerbittlich auf der Lauer. Links, also nordöstlich und im letzten Drittel der Piste, lagen sich Dobrinja und Butmir gegenüber.

Und genau auf dieser Achse, *Dobrinja – Butmir* beziehungsweise *Butmir – Dobrinja*, positionierten sich jede Nacht Schleußer, bewaffnete bosnische Kämpfer, Frauen, Kinder und alte Menschen. Ihr Ziel war es, heil auf die andere Seite zu kommen, denn Sarajevo brauchte Brot, Waffen, Munition, frische Kämpfer, Wasser und Medikamente; und dieser Weg war der einzig mögliche. Sie versammelten sich zu kleinen Gruppen von sechs bis sieben Männern, Frauen und Kindern, warteten den geeigneten Zeitpunkt ab (manchmal Stunden in eisiger Kälte) und rannten dann los: sechshundert Meter entweder in eine relative Freiheit oder eben in die Hölle, in den Kessel der belagerten Stadt. In einer Nacht zählten wir über vierhundertfünfzig Menschen, die so ihr Schicksal herausforderten. Die UNPROFOR sollte dafür Sorge tragen, diesen Fluss an Menschen und Material nicht nur einzudämmen, sondern ganz zum Stillstand zu bringen. Die von uns angewandte Methode war in der Theorie recht einfach, in der Praxis jedoch höchst gefährlich und bei näherem Hinsehen auch von der Idee her abscheulich, uns blieb jedoch kaum eine andere Wahl. Wir sollten die Bosnier:

Abfangen.

Teilweise entwaffnen.

Zu ihrem Ausgangspunkt zurückbringen.

Jede Kompanie schickte bei Sonnenuntergang Punkt 17h00 zwei Patrouillen auf den Tarmac. Eine Patrouille bestand aus jeweils zwei VAB und in jedem VAB saßen ein Fahrer, ein Gruppenführer (Sergent oder *Caporal-chef*) und etwa fünf Legionäre. Die Patrouille arbeitete stets als Paar zusammen und hatte einen Leader, der ein *Indikativ*, also einen Rufnamen besaß. Auf dem Kontrollturm des Flughafens befanden sich zwei Kamera Mira, die von den Zugführern und deren Stellvertreter – *Mike India* – bedient wurden. Dabei handelt es sich um Wärmebildkameras; Panzerabwehrleute kennen sie von der Panzerabwehrwaffe Milan.

Mike India

Zu Beginn unserer Mission waren die Kameras ganz oben auf dem Dach des Kontrollturmes; wir waren also dem Wind und dem Wetter sowie den zahlreich herumschwirrenden Projektilen ausgesetzt. Letztere fürchteten wir wenig, aber die Kälte setzte uns und dem Material in diesen Monaten Dezember 1992 und Januar 1993 enorm zu, denn wir lagen auf kaltem Beton. Zum Schutz vor dem ständig fallenden Eisregen hatten wir einen Poncho über unsere Köpfe gespannt. Um der Bodenkälte auszuweichen, legten wir Pappe auf den Untergrund. Unsere Moral focht mit den Minusgraden einen recht spannenden Kampf. Zugegeben: Kälte waren wir von unseren jährlichen Kommandolehrgängen im 1.750 Meter hoch in den Pyrenäen gelegenen Mont-Louis gewöhnt. Es war also nicht zu extrem, aber auf die

Dauer war es auch nicht gut. *Être et durer* musste die vernünftige Devise sein. Ganz in diesem Sinne ging es nach einigen Überlegungen drei, vier Wochen später ein Stockwerk tiefer.

Wir setzten sechs Zentimeter dickes Panzerglas in die oberste Kontrollturmebene ein, fertigten aus alten Zeltrohren und Kugellagern Stative für die Miras und Aufnahmekrallen für dieselben und siehe da, so ließ es sich besser arbeiten. Sahen wir durch die Wärmebildkamera Bosnier, die sich vorbereiteten, die Piste zu überqueren, gaben wir *(Mike India)* eine genaue Zielansprache an den Leader, der mit seinem Team am besten positioniert war: Direktion, Entfernung (von seiner Position aus gesehen), was, wie viel, bewaffnet oder unbewaffnet. Schon schossen seine zwei VAB auf ihr Ziel zu. Hatten sie es erreicht, sprangen sofort die vier bewaffneten Legionäre heraus und neutralisierten, falls notwendig, die Bosnier, während sich gleichzeitig ein VAB blitzschnell so positionierte, dass er als Schutzschild zwischen der nächsten tödlichen Gefahr (MG-Feuer der Serben) und den Kameraden mit den gestellten Bosniern stand. Dieses Fahrzeug deckte mit seinem schweren MG das ganze Vorgehen. Die Bosnier wurden durchsucht, falls notwendig mit Gewalt in die Fahrzeuge gebracht, und wieder dort abgeliefert, wo sie ursprünglich herkamen. Das war der offizielle Deal mit den Serben.

War es ein Pakt mit dem Teufel?

Manchmal war es gar nicht lustig, denn vor allem die bosnischen Kämpfer, die in der Nacht zuvor den langen und gefährlichen Weg direkt vom *Mont Igman* heruntergekommen waren, um in Sarajevo an den Kämpfen teilzunehmen, waren nicht immer bereit, sich so einfach gefangen nehmen zu lassen. Teilweise hatten sie Handgranaten in der einen, die gezogenen Sicherungssplinte dafür in der anderen Hand. Die Geste sollte uns sagen: *Koste es, was es wolle, wir lassen uns nicht von euch aufhalten!* Es kam oft zu solch brisanten Situationen. Für uns waren es dann diese Momente, in denen wir unsere ganze Härte zeigen mussten. Es waren dann nicht immer die Blauhelme in uns, die für Klarheit sorgten, sondern vielmehr die Képi Blancs.

Die Bosnier wussten ganz genau, wer ihnen gegenüberstand. Verschärften wir Ton und Gangart, legten sie meistens ihre Waffen nieder. Manchmal aber auch nicht. Die Serben schossen auf die Bosnier, die Bosnier schossen auf uns. Waren die Serben gut drauf, schossen sie auf die Blauhelme und auf die Bosnier.

Es ist nicht immer schön, Soldat für den Frieden zu sein!

Mit der Mira konnten wir nicht nur einzelne Personen ausmachen. Die Kamera zeigte auch die Stellen rötlich an, an denen sich die Bosnier – verdeckt von den tiefen Gräben, trafen und darauf warteten, bis eine größere Gruppe fertig war. Das Gleiche geschah an vier oder mehr verschiedenen Sammelpunkten, einer vom anderen etwa fünfzig Meter entfernt. Wie auf ein Signal erhoben sie sich dann zur selben Sekunde und rannten gleichzeitig an drei oder gar vier verschiedenen Stellen über die Piste. Sie rannten um ihr Leben. Da immer schon eine oder zwei unserer Patrouillen voll oder woandershin unterwegs waren, konnten wir nicht alle Bosnier abfangen und so wurden einige Gruppen oft Opfer der Serben-MGs. Für die Bosnier war das Überqueren der Piste Russisch Roulette! Manchmal kam eine der Gruppen nur dreißig oder vierzig Meter weit und wurde dann von den serbischen Waffen quasi zu Boden genagelt. Sie lagen oft stundenlang im Matsch und im Schnee, während die MG-Salven nur eine Handbreit über sie hinwegfegten. Hatten sie Glück, suchten sich die Serben nach einer Weile andere Opfer. Dann erhoben sie sich wieder und rannten von Neuem los, so als wäre der Teufel hinter ihnen her.

Gab es tote und verwundete Bosnier – und das war ständig der Fall (zwei, drei Tote und zwanzig bis dreißig Verletzte waren es in etwa jede Nacht) – so luden wir sie auf, brachten sie in unsere Krankenstation 600 Meter weiter, und dann ging's auch schon zurück auf die Piste. Manchmal gab es so viele Schwerverletzte auf einmal – *meist handelte es sich um üble Schusswunden* –, dass unser Arzt und sein Team wählen mussten, wen sie zuerst behandelten. Zwar gewährten die Serben unseren Sanitätern nachts freie Fahrt zum PTT-Building ins Feldlazarett oder auch ins Kochevo Hospital, doch diese Passagen waren mit Wartezeiten und Schikanen verbunden. Oft kam es einfach darauf an, welcher serbische Warlord am *Kasindolska Checkpoint* in der Kasindolska-Straße nahe am Flughafen gerade seinen Dienst tat. Unsere medizinischen Mittel waren sehr bescheiden. Sie beschränkten sich auf den Chefarzt, seinen Stellvertreter, den Chef der Sanitäter, drei Sanitäter und drei Hilfssanitäter. Ein Fahrer und ein Sanitäts-VAB vervollständigten das Ganze. Jeder einzelne von diesen Männern arbeitete die ganzen sechs Monate jede einzelne Nacht durch. Manchmal am frühen Morgen konnte man in der eisigen Kälte schwarze Säcke draußen auf dem Sanitätsvorplatz liegen sehen. Sie waren geschlossen! In diesen Säcken lagen nicht nur reglose Körper, sondern individuelle Schicksale und getötete Hoffnungen.

Einmal, es war heller Tag, sah ich von *Mike India* aus nach Butmir hinüber. Von dort bewegte sich gerade ein weißer Minibus von einem Gebäude zum nächsten. Da er für die Serben ein gut sichtbares Ziel bot, fuhr er sehr schnell. Plötzlich sah ich links davon, bei *Donji Kotorac*, eine zweite Bewegung; Pulverrauch stieg dort empor. Ein T-55 hatte eine Granate aus seiner Hauptwaffe (100-mm-Kanone) auf den Kleinbus abgefeuert. Voll getroffen legte sich der Bus auf die Seite und begann zu brennen. Drei Sekunden später öffnete sich die hintere Tür und ein Mann sprang aus dem Bus. Er taumelte drei, vier Schritte und brach dann auf der Stelle zusammen. Und so blieb er liegen und niemand kümmerte sich mehr um ihn.

Maybe Airlines

„Vielleicht-Fluglinie“, so nannte man damals schon die Flotte, die den Flughafen mit Hilfsgütern, Journalisten oder Soldaten an Bord anflog, oder eben nicht. Es waren hauptsächlich französische C-160 Transall (auch einige deutsche), kanadische C-130 Herkules, oder russische Iliouchines. Das Verhaltensmuster aller Maschinen war gleich. Hohe Annäherungsphase, abrupter Sinkflug bis zum Aufsetzen, schnelles Bremsen, noch schnelleres Entladen, ohne dass sich die Propeller zu drehen aufhörten, und sofortiger Abflug im höchsten Tempo! Die Annäherungsphase, der *Sarajevo Approach*, war um einiges steiler als jeder normale Anflug. Saßen die Piloten im Cockpit, so sahen sie nur den Boden, der mit wahnsinniger Geschwindigkeit auf sie zuraste. Das war auch besser, denn so bekamen sie den Beschuss nicht direkt mit. Meist war es Leuchtspurmunition, die sich ihnen vom Boden aus entgegenschlängelte.

In Ilidza lauerte die Flugabwehr der Serben, meist in Form von einem oder mehreren ZSU-23/4-Geschützen. Das sind russische Flakpanzer, die aus vier Rohren gleichzeitig feuern können. Einige Piloten haben damit bereits Bekanntschaft gemacht. Manchmal wurden die Einschusslöcher aber erst bemerkt, als sie am Heimatflughafen wieder landeten und das Adrenalin verbraucht war. Am coolsten waren die russischen Piloten. Diese ignorierten die Gefahr total, reizten die Situation bis aufs Blut aus. Einige von ihnen rochen nach Alkohol, vielleicht deshalb.

Das 2. REP macht Ernst.

... ernste Gesichter!

Im Jahr 1992 und in den ersten fünf Monaten im Jahr 1993 vergingen zwischen Landung und Start solcher Maschinen kaum fünfzehn bis zwanzig Minuten. Die Luftbrücke der Franzosen von Split nach Sarajevo *(ungeachtet der internationalen Falconara-Sarajevo-Luftbrücke, die vom italienischem Ancona-Flughafen startete und an der sich auch deutsche Piloten beteiligten)* hatte es von Juni 1992 bis Januar 1996 erlaubt, 1.300 Flüge durchzuführen. Dabei wurden unter oben genannten, schwierigen Umständen 24.000 Tonnen Fracht transportiert: Hut ab vor den Teufelspiloten!

Als im März unsere schwere Kompanie (CEA) nachrückte, geschah dies per Transall. Wir beobachteten ganz gespannt, wie die erste Maschine landete. Einmal am Boden öffnete sich die Heckklappe und der erste Mann, sein Gepäck auf dem Rücken, schickte sich an, auszusteigen. Als er auf der Laderampe plötzlich wegknickte, dachten zunächst alle, er wäre gestolpert, doch dem war nicht so. Eine Kugel hatte ihm die Wade zerfetzt. Dieses Beispiel zeigte *par excellence*, wie es um die Sicherheit der Militärmaschinen stand.

Eine Frage der Ehre

In einer dieser Nächte – ich war mit meinem Zugführer Leutnant T. im Einsatz auf *Mike India* – rief mich einer meiner Gruppenführer über Funk an. Er war *Leader*, Chef einer dieser VAB, die wir vom Turm aus auf ihr Ziel leiteten. Es gäbe Probleme. Da er recht geheimnisvoll tat und nicht sagen wollte, um was genau es ging, schlug ich ihm vor, mich mit ihm unten am Eingang zum Turm zu treffen. Ich konnte den Gruppenführer gut verstehen, denn wir arbeiteten auf einer Frequenz, die auch unser OPS-Raum abhörte. Es gibt Dinge, die regelten wir Legionäre ganz gern erst mal unter uns.

Es war kalt. Und es regnete Schneematsch. Wären nicht die unzählig vielen Streifen gewesen, die die Leuchtspurmunition am Nachthimmel hinterließ, hätte man meinen können, wir befänden uns mitten in einer stockdunklen Nacht auf dem Planeten Mars. Der *Caporal-chef* brauchte nur wenige Worte, um mich ins Bild zu setzen. In der Ausführung ihrer Tätigkeiten hatte sein LRAC-Schütze (Panzerfaust) seine Zweitwaffe, eine Pistole, verloren. Da sie ungefähr wussten, an welcher Stelle, begaben wir uns sofort auf die Suche danach.

Es war eine delikate Angelegenheit. Zunächst durfte unser Leutnant nichts von der ganzen Aktion mitbekommen. Ich meldete mich bei ihm über Funk und unter einem dringenden Vorwand ab. Das nächste Problem war das Wetter. Die Pistole vom Typ PA *(Pistolet Automatique)* war geladen und wog etwa 1.200 Gramm. Der Schneematsch reichte uns bis über die Waden. Sie zu finden, dazu benötigten wir eine gehörige Portion Glück. Zu guter Letzt waren da noch die Serben. Gerade in dieser Nacht schossen sie systematisch auf alles, was sich auf der Piste bewegte, Blauhelm hin, Bosnier her. Munition war blind, machte zumindest damals noch keine Unterschiede. Vor Ort positionierte ich meine beiden VAB so, dass sie in unserer Nacht- und Nebelaktion mehr schlecht als recht als Schutzschild dienen konnten, dann befahl ich alle Legionäre der beiden Gruppen ins Freie, stellte sie in einer Linie auf und los ging die Suche.

Sehr oft hob ich den Kopf und sah sorgenvoll in südöstliche Richtung. Dort blitzte nonstop Mündungsfeuer auf. Auch von Ilidza her wurde geschossen. Doch Ilidza befand sich zu weit weg, als dass ich diese Gefahr allzu ernst nahm. Einige Male sirrten Geschosse dicht an unseren Körpern vorbei: Das Geräusch hatte Gänsehautgarantie! Doch niemand kam in dieser denkwürdigen Nacht zu Schaden. Es war reines Soldatenglück!

Wegen einer Pistole ein Leben aufs Spiel setzen?

Mit meiner Entscheidung, nach der Pistole zu suchen, hätte ich in Teufels Küche kommen können; die andere Seite der Medaille aber war, dass eine Waffe uns Legionären ein heiliges Ding ist. Unsere Hierarchie hätte wohl nie veranlasst, überhaupt danach zu suchen. Für den betroffenen Schützen sowie für den

VAB BKM 20 mm (VAB T20-13 – Canon de 20mm)

Mein Fuhrpark.

Gruppenführer wäre es aber eine Schmach gewesen, mit einer Waffe weniger den Einsatzort zu verlassen, und so war es nichts weniger als eine Frage der Ehre.

Bei einem dieser nächtlichen Ausflüge – es war mein erster und ich saß hinten im VAB – hatte ich immenses Glück. Es war während der Übergabe, die Männer vom RICM hatten noch das Sagen. Ich hörte, wie die Motoren des VAB plötzlich laut dröhnten und der 13-Tonnen-Schützenpanzer Vollgas gab. Nach kaum einer Minute blieb er ruckartig stehen. Bewaffnet mit unseren FAMAS, den Finger am Abzug, sprangen wir heraus, stellten eine Gruppe Bosnier, durchsuchten sie und luden sie ein. Ich stieg als Letzter in den Panzer, saß ganz hinten am Eingang. Als ich die Tür schloss, hämmerte von draußen eine wütende MG-Salve gegen die Panzerung. Als wir später zurückkamen, sah ich mir die Spuren an, die diese Salve hinterlassen hatte. Es waren ungefähr sechs Schuss, gut gruppiert und genau auf Kopfhöhe. Hätte ich die Tür nur eine halbe Sekunde später geschlossen, dann ...

Hätte ich, hätte ich, hätte ich ... Ich hörte bald schon auf, über *Wenn* oder *Hätte ich* nahzudenken, denn es führte zu nichts. *Wenn* und *Hätte ich doch* gab's jeden Tag und jede Nacht.

Wenn die Menschlichkeit eine Schlacht gewinnt

Anfangs wusste ich nicht, wie ich mit der folgenden Situation umgehen sollte. Sie entstand aus der Tatsache heraus, dass die Bosnier, die versuchten, den Flughafen zu überqueren, eben nicht nur Kämpfer waren, sondern auch Frauen, Kinder, alte Menschen, Verwundete und vom Krieg moralisch zerfleischte, kranke Seelen. Wir sollten sie daran hindern. Das war gegen den Ruf der Menschlichkeit, eigentlich auch gegen unsere Prinzipien. Wir hinderten ein Volk daran, seinem Drang nach Frieden und Freiheit zu folgen, aber wir waren nun mal auch Soldaten.

Meist befolgten wir Befehle stoisch. Was anderes sollten wir auch tun? Wir taten es trotz der Drohungen, trotz der Tränen, der Bitten, trotz der Beschwörungen und Schimpftiraden. Kaum fassbare, wenig nachvollziehbare Dramen spielten sich jede Nacht vor unseren Augen ab. Einmal hatte ich eine bosnische Frau direkt vor mir sitzen; ich hätte sie mit der Hand berühren können. Sie hatte eine tödliche Schussverletzung und starb, während ihre beiden Kinder, die auf meinen Knien saßen, dabei zusahen. Was sollte ich ihnen sagen? Dass das Leben so ist?

Ein anderes Mal holten wir einen Lehrer von der bitterkalten Piste. Er rannte, fiel, rappelte sich auf und rannte weiter, während die Serben nonstop mit zwei MGs auf ihn schossen. Rote Leuchtspurmunition tanzte um ihn herum, zupfte an seinen

Kleidern, er aber hastete unverletzt weiter, direkt in unsere Arme. Im VAB fiel er vor mir auf die Knie und weinte. Er wäre Lehrer, sagte er zunächst auf Französisch.

Und er wolle weg vom Krieg, fügte er in gebrochenem Deutsch hinzu. Ich nickte. Mein Nicken jedoch interpretierte er falsch, denn er kramte 800 Mark aus seinem dreckigen, vor Kälte starren Sakko und bot sie mir an. Ich solle ihn doch nicht mehr nach Dobrinja, sondern nach Butmir fahren. Ich ließ ihm sein Geld, tat, was getan werden musste. Wie ich mich entschieden habe, behalte ich für mich.

Wieder ein anderes Mal versuchte eine Gruppe bosnischer Kämpfer, einen Toten auf einer Bahre über die Piste zu bringen. Sie versuchten es montags, dienstags, mittwochs und dann sahen wir sie nie wieder. Was aus ihnen geworden ist? Ich weiß es nicht!

Und ich erinnere mich gut an den verflixten Tag, an dem ich bei Sonnenaufgang die Piste abfuhr und ein totes Mütterchen im Graben fand. Man hatte sie angeschossen, dann ist sie erfroren. Allein, dort draußen in der Nacht, während Schneeflocken auf ihr kleines, rundliches Gesicht fielen. Sie hatte ihre starren Hände um einen Sack gekrallt, in dem einige Kilo Kartoffeln waren. Für ihre Kinder? Ihren Mann?

Auch das werde ich nie erfahren. Meine Gefühle?

Die musste ich verstecken.

Doch dann kam der Tag, an dem ich spürte, dass viele Legionäre ähnlich dachten wie ich. Ich realisierte, dass in ihrer Brust nicht nur ein Löwen-, sondern vor allem auch ein großes Menschenherz pochte, aber dass nur die wenigsten – auch aufgrund ihres niedrigen Dienstgrades – tatsächlich über ihren professionellen Schatten springen konnten. Einer, der diesen Sprung wagte, war ein Spanier aus meinem Zug. Er war ein junger Soldat, ein guter Soldat auch. Bis zu dem Tag, an dem er ganz einfach den Dienst verweigerte. Er könne, so sagte er in einem Gespräch mit mir, das Leid und das Elend nicht mehr mitansehen und so tun, als ginge ihn alles nichts an. Meine Vorgesetztenseele schrie nach Empörung, jedoch der Mensch in mir applaudierte. Es war und blieb ein Einzelfall und genau deshalb zollte ich diesem Soldaten Respekt für seinen überaus großen Mut und für seine Aufrichtigkeit. Wer in der Legion gedient hat, der weiß, was geschehen kann, wenn jemand den Dienst verweigert. Nun, ohne dass er es je wirklich richtig erfuhr, setzte ich mich bei meinem Zugführer dafür ein, dass er diesen Kriegsschauplatz, ohne sein Gesicht zu verlieren, verlassen konnte.

Airport, eine gigantische Falle?

Der Flughafen Sarajevos, kontrolliert von der Artillerie der Ultras der Serben, war eine gigantische Falle. Nichts, keine noch so kleinste Bewegung entging den *Tschetniks*. Und genauso konnten sie jeden Quadratmeter unsere Stellungen, unsere Quartiere und den Befehlsstand mit ihrer Artillerie dem Boden gleichmachen, hätten sie es gewollt oder hätten wir ihnen einen Grund dafür gegeben. Auch die Bosnier hatten zumindest Mörser des Kalibers 81 mm, doch bei Weitem nicht so viel Munition dafür wie die Serben, deren Vorräte ein Fass ohne Boden war.

Der Flughafen 1992 – 1993

Ich schrieb, dass unsere Legionäre all ihre Munition unter ihrem Bett und in ihren Spinden hatten. Das kam nicht von ungefähr. Von Beginn an gab es Gerüchte, dass die Bosnier eine Offensive starten wollten. Das Ziel sollte das Errichten eines Korridors *Butmir – Flughafen – Sarajevo* sein oder umgekehrt von *Dobrinja nach Butmir*. Wir aber hatten unseren Lebensbereich am Flughafen und wir hatten den Auftrag, diesen Flughafen zu verteidigen. Wenn man sich die geografischen Gegebenheiten auf der Karte sowie auch im Gelände kritisch ansah, so konnte man nur zu einem Ergebnis kommen: Ein Angriff könnte aus dem Nichts, von einer Minute auf die Nächste erfolgen. Zeit, Munition auszugeben und großartig Befehle zu geben, würde es nicht geben.

Dass die Serben eventuell antizipierten und den Flughafen noch vor den Bosniern einnehmen wollten, das musste man uns nicht sagen. So lebten wir in ständiger Unsicherheit, hatten

Russische Iljuschin

Oslobođenje – „Die Befreiung!" – zerstört von serbischer Artillerie.

Serbischer BTR.

immer die Waffe bei der Hand. Jeder wusste, was es im Falle eines Alarms zu tun gab. Das tatsächliche Kräfteverhältnis UN-Soldaten (wir) vs. Serben war eins zu zwölf. Die schweren Waffen jedoch hatten sie.

Im ebenerdigen Zimmer, das ich mit einem Kameraden teilte, gab es ein einziges, kleines Fenster. Von dort aus hatten wir Sicht auf den knapp hundert Meter entfernten Haupteingang zum Flughafen. Von außen hatten wir die Wand mit Sandsäcken verstärkt und ein starkes Gitternetz davor gespannt, um Granaten abzuhalten. Von innen hatten wir eine Art Plattform aus Sandsäcken errichtet, auf der Tag und Nacht ein MG-Kaliber 7,5 mm stand. Geladen, wohlgemerkt! Unter unseren Betten stapelten sich unzählige Munitionskisten; Hand- und Gewehrgranaten besaßen wir in Hülle und Fülle. Sollten unsere Beobachter und Zuträger Truppenansammlungen in der näheren Umgebung unmittelbar um den Flughafen herum melden, dann würde jeder unserer Soldaten sofort zu den Waffen greifen, in den nächsten Kampfposten, sein Schützenloch oder den Gefechtsgraben schlüpfen und das tun, was es zu tun gäbe: Camerone, 130 Jahre nach der Schlacht. Unser Camerone. Noch hatten wir keine 120-mm-Mörser. Auch unsere schweren Panzerabwehrwaffen befanden sich noch in Calvi. Was wir aber hatten, das war unsere Entschlossenheit. Und das wussten auch die Serben. Und das wussten die Bosnier! Und beide wussten, was Camerone war und was es für uns bedeutete: Niemals, um keinen Preis hätten wir den Flughafen kampflos aufgegeben!

Ich glaube zu wissen, dass es viele Legionäre gab, die insgeheim nur auf einen Angriff warteten.

Des Weiteren gab es Pläne für eine schnelle Evakuation auf dem Landweg. Mehrmals überraschte ich mich bei dem Gedanken, dass es besser wäre, den Flughafen mit den wenigen Mitteln zu verteidigen, die uns zur Verfügung standen, als sich mit den VAB ohne Deckung auf diesen Straßen zu bewegen – und seien es nur 500 Meter. Weit wären wir wohl nicht gekommen.

Wie überlegen die Serben den UN-Truppen militärisch waren, zeigte sich auch an dem Tag, an dem sie die Marschall Tito Baracks in der Stadt mit einem fast zwei Stunden andauernden Artillerieangriff bombardierten. Das taten sie mehrmals. In den Tito Baracks in Novo-Sarajevo befanden sich ein ukrainisches Blauhelmkontingent sowie Teile der bosnischen Armee. Das Feuer kam vom *Trebevic*, einem Berg am südlichen Stadtrand von Sarajevo.

Mariusz und Ratislav

Étrangers devenus fils de France, non par le sang reçu, mais par le sang versé. Fremde Franzosen geworden, nicht durch das erhaltene, sondern durch das vergossene Blut!

Am 11. Februar 1993 gegen Mittag, wir saßen im obersten Stockwerk beim Lunch, befahl ich die VAB-Fahrer zum Dienst. Sie sollten die VAB klarmachen. Bei den herrschenden Minustemperaturen mussten die Motoren eine Stunde lang warmlaufen; um 13h00 standen Aufträge bevor. Unter den Fahrern war Mariusz. Mariusz, ein Pole, war ein Athlet. Er verbrachte jede Minute seiner Freizeit mit Sport – wie die meisten von uns. Auch in Sarajevo hatten wir schnell den Dreh heraus, wie man zwischen den Einsätzen zu einigen Sporteinheiten kam. Bankdrücken mit Munitionskisten und Sandsäcken, Klimmzüge an Türrahmen, Liegestütze sogar in den Checkpoints und *Crosscountry* im Treppenaufgang ... Unser Einfallsreichtum und unsere Imagination diesbezüglich waren schier grenzenlos.

Kaum hatten die Fahrer die Befehle entgegengenommen, zogen sie auch schon los. Den Helm auf den kahlen Schädeln, in die Splitterweste, den *Pull Vert Legion* und den Montageanzug gezwängt, die Werkzeugkiste in der einen, die Waffe in der anderen Hand ... Das war ein Anblick, der ihre bis dahin noch heile Welt widerspiegelte. Dann verließen sie das Gebäude. Nur zehn

Sekunden später bebte die Erde. Rund um das Gebäude pflügten Mörsergranaten den Boden auf. Es waren immer zwei auf einmal im Abstand von nicht mal einer Sekunde, *bum-bum!* Und sie kamen näher. Kaum hatten wir begriffen, wurden Schreie laut. Eine Mörsergranate war auf dem Dach eines VAB explodiert. Ratislav, ein Fahrer des dritten Zuges, stand im Augenblick der Detonation genau neben dem Fahrzeug, Mariusz etwa zehn Meter weg, ein dritter Fahrer befand sich hinter dem Fahrzeug in relativer Deckung. Es hätte nicht schlimmer kommen können. Mariusz, nach dem Anschlag besinnungslos, wurde in aller Eile ins Hospital im PTT-Building evakuiert.

Um den Sanitäts-VAB die gefahrlose Passage zu garantieren, musste Major Sabljic vorab heftig mit den Serben verhandeln, denn eine unangemeldete Einzelfahrt duldeten diese normalerweise nicht.

Ein Splitter hatte seine Femoralarterie am Oberschenkel zerfetzt, Wundbrand setzte ein. Für ihn war das Abenteuer Sarajevo beendet. Mariusz kam erst im Krankenhaus in Frankreich wieder zu sich. Nach Toulon, ins Krankenhaus *Sainte-Anne* evakuiert, musste ihm dort das Bein bis zur Hüfte amputiert werden.

Nicht beendet war jedoch sein Legions- und Frankreichabenteuer. Zunächst wurde er zum Caporal befördert, dann sein Vertrag verlängert. Bei einem Besuch des Verteidigungsministers Francois Leotard forderte er das *Recht des Blutes* und bekam es. Es war ein Präzedenzfall, der den ganzen Senat wachrüttelte. Kaum acht Wochen später wurde Mariusz *naturalisiert* und wurde Franzose *par le sang versé.*

Ich will kein Geld und auch keine Medaillen. Alles, was ich möchte, ist Franzose werden! (Mariusz N.) Das Gesetz, Franzose par le sang versé zu werden, durch vergossenes Blut also, trat in der Form, in der es heute noch existiert, 1999 in Kraft. Angestoßen hatte es der Fall Mariusz N. Es war das erste Mal, dass ein

Legionär in den Genuss kam, heute aber ist es wie gesagt Usus. Und das ist gut so. Dieses Gesetz greift aber nur für Legionäre, denn es sind die einzigen Männer, die als Fremde für Frankreich dienen.

Ratislav B. hatte den vollen Schock der Granate eingesteckt. Splitter hatten seinen Helm glatt durchdrungen. Wie zuvor Mariusz wurde er ins Hospital-PTT-Building gebracht, doch die Ärzte bemühten sich vergebens. Er verstarb in den frühen Morgenstunden darauf. Es stellte sich heraus, dass er nicht einen oder zwei, sondern einige Dutzend Splitter überall im Körper hatte. Als sein Tod bekannt wurde, versammelte der Kompaniechef alle verfügbaren Kräfte und so standen wir, teilweise geschockt, mitten in der Nacht im Versammlungsraum und legten eine Schweigeminute ein.

Das dritte Opfer war Richard, ein Gaulois. Er hatte Glück, bekam nur einen Splitter in die Hand. Wir waren empört. Am Tag vorher nämlich hatten wir eine schwangere Frau (Notfall) aus Butmir evakuiert, um sie ins *Krankenhaus Kochevo* nach Sarajevo zu bringen, wo sie unter schwierigen Bedingungen, aber in relativer Sicherheit entbinden konnte. Warum unsere Empörung? Nun, ballistische Berechnungen hatten ergeben, dass die Mörsergranate, die unseren Kameraden getötet hatte, in Butmir abgefeuert wurde: von den Bosniern, ohne Zweifel! Wir hatten geholfen. Uns wurde gedankt. Wenn ich von Empörung schreibe, dann nur um das Wort Hass nicht zu gebrauchen. Das Wort Hass sollte ein Soldat aus seinem Vokabular streichen, denn Hass verzerrt seine Sichtweise, was ihn wiederum dazu verleitet, Dinge zu tun, die falsch, zumindest aber nicht immer richtig oder gerechtfertigt sind.

Au combat tu agis sans passion et sans haine. Im Kampf agierst du ohne Leidenschaft, ohne Hass. *So steht es in unserem Ehrenkodex!*

Dieser Überfall fiel in eine Woche, in der viel geschah. So zum Beispiel zerfetzte eine 152-mm-Granate einen unserer Verteidigungsposten. Er wurde dabei total zerstört. Mehrere Artilleriegranaten landeten auf unserem Dach. Die Mauern wackelten, Putz fiel von den Wänden, die Fensterkreuze barsten. Hätten die Serben Verzögerungszünder benutzt, so hätte es an diesem Tag sicher einige Opfer gegeben. Ihre Munition war aber so geregelt, dass sie beim Aufprall sofort explodierten. Dennoch sahen wir uns gezwungen, unsere Unterkunft drei Stockwerke tiefer zu verlegen.

Bosnische Sniper amüsierten sich, mit uns Katz und Maus zu spielen. Am selben Tag war ich mit einem Unteroffizierskollegen auf dem Dach unserer Unterkunft. Wir hatten dort einen Kampf- und Beobachtungsposten. Gerade als wir nach Dobrinja spähten, sahen wir eine Gruppe Serben (acht Mann), die sich, bis an die Zähne bewaffnet, an ein Gebäude heranpirschten, das von Bosniern besetzt war. Unter der betroffenen Fensterzeile angekommen, warfen sie ihre Handgranaten und drangen schreiend und schießend in das Gebäude ein. Es folgten einige heftige Detonationen und Feuerstöße, doch nicht mal eine Minute später verließen die Serben fluchtartig das Haus. Drei ihrer Männer jedoch erschienen nicht wieder.

Mein Soldatenherz betete, dass diese drei nicht lebend in die Hände der Bosnier fielen.

Schachmatt für die UN? Der Autor verliert dieses Spiel, die UN verliert die Geduld mit den Serben.

Unmittelbar darauf fiel eine Salve Artilleriegeschosse auf das Haus; einige Granaten fielen auf das Flughafengelände. Die Szene hatte sich nur 200 Meter vom Flughafen entfernt abgespielt. Vielleicht wäre noch ein *Einsatzverbot*, ausgesprochen von Colonel Poulet, erwähnenswert. Einer unserer Legionäre der vierten Kompanie, der Engländer Mark Kay, hatte wohl einen Pakt mit dem Teufel geschlossen, denn in weniger als drei, vier Wochen wurde er zweimal verwundet. Die erste Kugel, abgefeuert aus einer Kalaschnikow, traf seinen Arm. Kaum genesen, schickte man ihn nicht mal drei Wochen später wieder auf Einsatz und prompt erhielt er eine Kugel in die Hand. Ab sofort wurde er vom Regimentskommandeur dazu verdammt, nur noch Wachdienste zu schieben.

Colonel Poulet amüsierte das alles nicht besonders. Wir hatten keine schweren Waffen. Was wir aber besaßen, waren verdammt gute Sniper und Scharfschützen! Und damit wollte er Akzente setzen. Nicht zu spät, denn er sprach uns aus der Seele.

Counter Sniping

Die serbischen und bosnischen Sniper schossen einmal, zweimal und wechselten dann die Stellung, ja sogar das Stockwerk.

Ihr Fehler jedoch war, dass sie kaum jemals das Gebäude wechselten. Unsere Stunde war gekommen!

(THOMAS GAST)

Wenn man sich auf der Karte den Flughafen Sarajevo und dessen 360-Grad-Umgebung ansah, so stach ganz deutlich ins Auge des Betrachters, dass nur einige wenige Gebäude und Landschaftsformen infrage kamen, aus denen die verschiedenen Kriegsparteien uns mit Sniperfeuer belegen konnten. Dobrinja gehörte eindeutig dazu! Der Stadtteil grenzte im Nordnordosten direkt an den Flughafen. Seine Häuserfront war total zerstört. Kein Wunder, wenn man bedenkt, dass kaum 1.000 Meter weiter östlich serbische T-55 in Stellung lauerten und Dobrinja selbst jeden Tag Schauplatz von Angriff auf Gegenangriff war.

Besonders vom östlichen Teil des Ortes wussten wir nie, wer aus den Häuserzeilen heraus gerade verteidigte. Mal waren es die Serben, tags darauf die Bosnier. Und beide positionierten dort ihre Sniper. Und die Sniper beider Faktionen nahmen uns täglich ins Visier. Die Gründe dafür? Es gibt keine richtige Antwort auf diese Frage. Wir glaubten, dass, wenn die Bosnier auf uns schossen, sie die Serben zum schwarzen Peter machen

wollten und umgekehrt. Sie wollten uns zwingen, Partei zu ergreifen; das war klassisch. Und die Serben wollten demonstrieren, dass sie den Flughafen zu jeder Zeit unter Kontrolle hatten. Die kürzeste Entfernung zwischen unserem am östlichsten gelegenen Verteidigungsposten *Golf* und den ersten Häusern von Dobrinja lag bei 200 Metern. Etwa 600 Meter trennten unseren Beobachtungsposten *Mike India* von Dobrinja und in derselben Reichweite lag auch unser Checkpoint *Charlie November*: der Eingang zum Flughafen!

Die weit entfernteste, eventuelle Sniperstellung in Dobrinja-Ost bis hin zu unserem Posten *Golf* lag bei etwa 900 Metern. Ob nun 200 oder 900 Meter, es sind ideale Distanzen für geübte Scharfschützen, insofern sie über die richtigen Waffen und die dazugehörige Optik verfügten. Ein weiterer Punkt, von dem aus man uns ständig unter Feuer nahm, war ein isoliertes Haus, das auf Höhe *Bijelo Polje* etwa 300 Meter vom östlichen Ende der Flugpiste entfernt stand. Tagsüber lagen dort in der zweiten Etage zwei oder drei serbische Sniper auf der Lauer. Nachts stand neben dem Gebäude ein T-55. Jeden Abend nach Sonnenuntergang, immer um dieselbe Uhrzeit fuhr er diskret in Stellung. Auch dieser Akt war assoziiert mit Sniperfeuer, denn hinter dem Panzer, halb verdeckt, befand sich eine Stellung, aus der in regelmäßigen Abständen auf uns geschossen wurde. Zu Unrecht dachte der Schütze (wie auch viele andere), wir hätten seine Stellung nicht erkannt. Dieser Irrtum wurde ihm bald schon zum Verhängnis. Dann, weiter im Süden, also von Butmir aus, gab es einige bosnische Sniper, die aus Schützengräben heraus auf uns schossen. Es war eine verrückte Situation. Die gegnerischen Scharfschützen, egal, ob Bosnier oder Serben, hatten vieles gemeinsam. Die meisten von ihnen waren einstig Jäger, die mit ihren Zivil- oder Militärwaffen anrückten. Erstere waren hochsophistische Waffen. Ihre Zielfernrohre, zumindest die meisten davon, verfügten damals schon über eine Tritium-Strichplattenbeleuchtung! Hinzukam, dass sie ihre Erfahrungen als Sniper im jungen Alter bei der Jagd und später als Soldat auch im Krieg gemacht hatten. Eine bessere Ausbildung als diese Dualität *ziviler Jäger und militärischer Scharfschütze* gab es nicht.

Doch! Die Ausbildung, die unsere Jungs im 2. REP durchliefen!

Lieutenant-Colonel Munk-Koefoed, der S3-Offizier des Regiments, wurde damit beauftragt, eine starke, militärische Antwort auf die Snipergefahr zu geben, die uns täglich bedrohte. Das COBRA-Netzwerk (ursprünglich wollte man den Namen *Viper* benutzen, doch das schien unseren Chefs zu „amerikanisch“ und so einigte man sich auf Cobra) wurde bereits im Sommer 1992 aufgestellt. Da die modernen Kriege hauptsächlich *urbanen Charakter* hatten, wollte das 2. REP Sniper ausbilden, die in diesem *bebauten* Umfeld selbstständig und wie Schatten agieren konnten. Jede Kompanie hatte ihre Cobras. Diese Teams waren durchnummeriert von eins bis vier. Eine Besonderheit von Cobra war, dass selbst die Kompaniechefs nicht immer wussten, was gerade im Gange war. Wurden die Hauptleute bei Übungen und während der Ausbildung in alles miteinbezogen, so änderte sich das in dem Moment, in dem der erste scharfe Schuss im Einsatz fiel. Dann war Cobra nur noch Chefsache und ihr einziger Chef war der S3-Offizier, mindestens also ein Oberstleutnant. Das war eine Maßnahme der Diskretion.

Als Cobra in Sarajevo Thema wurde, wurden sofort alle Sniper und Scharfschützen zusammengezogen. Die Scharfschützen verfügten, wie bereits gesagt, über das FRF2 7,62 mm, doch nicht mehr mit dem veralteten Zielfernrohr APXL 806, sondern mit der NOVA Swarovsky 3x9x40. Diese Optik war wundervoll. Wir hatten diese zivile Ausfertigung als doppelte *Dotation* zur militärischen. Das Hauptproblem war, wir mussten sie quasi im Einsatz regeln, denn sie war brandneu und war erst kurz vor Einsatzbeginn bei uns im Regiment eingetroffen. Dementsprechend gab es zwar fertig erarbeitete Schießtabellen, diese waren im scharfen Einsatz aber noch nicht getestet worden. Des Weiteren hatten wir die zivile PGM und die MacMillan, beide vom Kaliber 12,7 mm (Cal 50). Einen gegnerischen Scharfschützen auf 1.000 Meter zu neutralisieren, war somit absolut kein Problem.

Unverzüglich begannen unsere Schützen mit der Observation. Rund um die Uhr waren sie damit beschäftigt, 360 Grad um den Flughafen herum alle Bewegungen, jedes noch so geringste Detail, jede Veränderung minutiös zu beobachten, sich Notizen zu machen, Strichlisten anzufertigen und das ganze bleihaltige Ambiente auf sich wirken zu lassen. Fast alle Positionen der gegnerischen Sniper wurden lokalisiert.

Dann kam die Zeit der Skizzen und Fotos. Das Regiment, vor allem unsere CRAP, verfügte nicht nur über Teleskope ausgestattet mit Stabilisatoren, sondern auch über Kameras, die an Computer gekoppelt waren. Diese ermöglichten es dem Bediener, bis auf acht Kilometer Distanz scharfe Bilder zu schießen und auszuwerten. Ein Puzzleteil fügte sich zum anderen und gab im Finale ein gut und leicht auszuwertendes Gesamtbild. Dann wurden Panoramaansichten mit detailfreudigen Gelände- und Gebäudetaufen erstellt. Raffinierte Stellungen wurden angelegt, vor allem auch da, wo man sie niemals vermuten würde.

Cobra – das hieß auch, dass immer drei Teams (drei Schützen pro Team) gleichzeitig im Einsatz waren. Ihr Beobachtungs- und Wirkungsbereich überlappte sich, die Distanzen waren auf den Zentimeter genau bekannt und für die Zielansprache bedarf es nur zwei, drei Wörter. Fiel z. B. *Bravo, Fünf, Grün*, dann wusste der Schütze sofort, wo exakt der Feind lag, in welcher Entfernung und wie er sich verhielt. Der entsprechende Feuerbefehl ließ dann nicht lange auf sich warten.

Es wurde gezielt zurückgeschossen.

Wer am anderen Ende saß, ein Bosnier, ein Kroate oder Serbe, war unseren Schützen egal. Wer auf uns schoss, war unser Feind, Punkt! Unsere Sniper vermeldeten Schuss für Schuss einen Treffer!

Wir hatten ab sofort unsere Ruhe. Cobra hatte sich bewährt, es gab aber auch Baustellen, die sofort ausgewertet und beseitigt werden mussten. So zum Beispiel Schwächen in der Kommunikation. Wir benutzten amerikanische, zivile Motorola (*chiffré* – verschlüsselt), arbeiteten auf zugewiesenen, angeblich verschlüsselten Kanälen und Frequenzen; die Arbeitssprache war Französisch. Die Bosnier jedoch brauchten nicht lange, um zu begreifen. Einige von ihnen hoben schon bald nach jeder unserer (geheimen) Kommunikation unter uns den Daumen in die Luft! Sie hatten alles verstanden. Vorbei mit Topsecret.

Genau diese Bosnier wussten aber auch, dass sie es mit Legionären zu tun hatten und dass wir ihnen als Soldaten weit überlegen waren. Oft fuhren wir Gruppenführer des Nachts diskret, ohne Licht und ohne Geräusche zu verursachen, mit einem oder zwei VBL nahe (300 bis 400 Meter) an *Ziele* heran und visierten diese mit unseren Rotpunktvisieren an. War der Punkt im „Ziel“, schossen ein oder zwei Kommandosoldaten der CRAP mit ihren Waffen, ausgestattet mit IL-Restlichtverstärkern, auf den designierten Punkt, der das Ziel mittig anzeigte.

Das Resultat von Cobra war, dass die gegnerischen Sniper ihre Stellungen zwar besetzt hielten, sie aber nicht mehr auf uns schossen. Dafür aber hatten wir den Eindruck, dass pro Tag die ein oder andere Mörsergranate mehr bei uns im Camp landete.

Klar zum Gefecht – Angriff auf Butmir

Ich hatte eine lange, kalte Nacht auf Mike India hinter mir. Die Ablösung stand kurz bevor. Daniels, der Gruppenführer am Checkpoint *Charlie Sierra*, gab durch, dass er ganz deutlich das Geräusch von Panzerketten gehört hatte. Ein Blick auf das Haus, das isoliert am östlichen Ende der Flugbahn bei *Bijelo Polje* stand, sagte mir, dass sich der T-55 die ganze Zeit nicht bewegt hatte. Es musste also etwas anderes anderswo in Gange sein.

Ich sah durch das Teleskop und stellte es auf *Charlie Sierra* ein. Morillon (den Namen – so hieß auch der General, Kommandant der Streitkräfte der UNPROFOR in Bosnien – hatten die Legionäre dem Hund gegeben, der bei ihnen ein gutes Zuhause gefunden hatte) stand versteinert auf der Straße und starrte zur *Achse Rose* hinüber. Plötzlich zog er den Schwanz ein und rannte wimmernd davon.

Etwa in derselben Sekunde hörte ich ein Rauschen am Himmel und die Erde bebte. Mörser und Artilleriegeschütze der Serben schossen ein Stahlgewitter auf Butmir. Eine Stunde lang pflügten die Granaten jeden Quadratmeter Boden des Dorfs und seiner angrenzenden Gärten um. Ganz besonders betroffen waren die Schützengräben 500 Meter östlich von Butmir, nur etwa 150 Meter von Charlie Sierra entfernt. Das betroffene Areal war in Nebel und Rauch gehüllt; es war ein irrealer Anblick. Dass es dort noch Leben gab, schien unwahrscheinlich. Gerüchten zufolge fielen an diesem Morgen 2.000 Artillerie- und Mörsergranaten auf Butmir.

Kaum war die Detonation der letzten Granate verklungen, brachen zwei T-55 Panzer aus der Deckung nahe des Orts *Donji Kotorac*. Aus allen Rohren feuernd überquerten sie die Achse Rose und rasten ungebremst auf Butmir zu. Begleitet wurden sie von serbischer Infanterie, etwa zwanzig Mann. Diese rannten hinter den Panzern her. Die zu überwindende Strecke von der Sturmausgangsstellung bis zum Angriffsziel – das wurde mir als Beobachter sofort klar – war viel zu groß. Ich schätzte, dass es 300 Meter waren. Es kam, wie es kommen musste. Der Angriffsschwung verlief sich nach nicht mal 200 Metern. Plötzlich hatten die Bosnier alle vermeintlich zerstörten Stellungen wieder besetzt und begannen ein mörderisches Sturmabwehrfeuer. Auch Panzerfäuste kamen ununterbrochen zum Einsatz.

Es wurde schnell licht in den Reihen der Serben; die T-55 drehten bei und verschwanden in die Richtung, aus der sie gekommen waren. Wieder einmal wurde uns bestätigt, was wir längst wussten. Die Serben hatten die Technik, die Waffen und Munition in Hülle und Fülle. Was ihnen jedoch fehlte, waren die Männer und die Erfahrung im Guerillakrieg. Letzteres war die Domäne der Bosnier. Die aussichtslose Lage hatte sie, die vorher nur wenige erfahrene Soldaten in ihren Reihen zählten, zu effizienten *Urban Fightern* gemacht!

Die Kampfszene hatte sich genau vor meinen Augen abgespielt. Anhand der Geländetaufe und der dazugehörigen Entfernungsspanne ermittelte ich mit einem Blick knappe 650 Meter. Da *Mike India* erhöht lag und ich über ein Teleskop verfügte, kam ich mir vor, als hatte ich einen Logenplatz inne, so makaber dies auch klingen mag. Während der gesamten Aktion hatten Daniels und seine Legionäre im *Charlie-Sierra*-Checkpoint den Finger am Abzug ihrer Waffen, denn sie befanden sich in den ersten Rängen, nur fünfzig bis hundert Meter von den Geschehnissen entfernt.

Achse Rose

Noch in derselben Woche bewegte sich ein Konvoi mit Hilfsgütern für Bosnier von Westen kommend auf den Flughafen zu. Der Konvoi bestand aus etwa sieben Lastwägen. Als die Fahrer – es waren hauptsächlich serbische Zivilisten – auf die Zielgerade *Achse Rose* einschwenkten, war die Welt noch in Ordnung. Sobald jedoch das erste Fahrzeug den von unseren Legionären gehaltenen Checkpoint Charlie Sierra erreichte, brach die Hölle über sie herein. Mehrere MGs ratterten gleichzeitig los, RPG-Granaten zerfetzten teilweise die Lkws. Das Verrückteste an der Sache war: Es waren die Bosnier, die aus uns zur Genüge bekannten Stellungen das Feuer eröffnet hatten. Die Leuchtspuren kamen eindeutig aus Stellungen vom östlichen Rand Butmirs. Zu Beginn des Buches schrieb ich: *„Vieles, was damals geschehen ist, kann man wohl heute erst richtig verstehen und zuordnen."* Nun, diese Aggression kann ich heute noch nicht verstehen oder zuordnen. Die Hilfsgüter waren für Bosnier. Das war angesagt und weitläufig bekannt! Und nun nahmen Bosnier diesen Konvoi unter Feuer? Riskierten sie lieber, dass ihre Kinder und Frauen hungerten, nur damit sie einige serbische Zivilisten, die den Krieg genauso verabscheuten wie sie, umbringen konnten?

Unter den Fahrern gab es keinen einzigen, der nicht getroffen wurde. Es gab einen oder zwei Tote, alle anderen waren verwundet, einige schwer. Die serbischen Soldaten auf der anderen Seite, Richtung Lukavica, reagierten nicht; was ein Glücksfall war. Nichtsdestoweniger beobachten sie sehr genau den Verlauf der Dinge und sie beobachteten vor allem, was die UN unternahm.

Mehrere Dinge geschahen gleichzeitig. Unser Regimentskommandeur informierte sofort Major Sabljic, der mit den Bosniern und Serben Kontakt aufnahm, Erstere mahnte, das Feuer sofort einzustellen und Letztere beschwichtigte. Gleichzeitig gab es Generalalarm für unsere Sanitätseinheit und für alle Legionäre: Koste es, was es wolle, die toten und verwundeten serbischen Zivilisten mussten sofort geborgen werden. Jede verfügbare Gruppe brachte ihre Männer und VAB am südlichen Pistenrand in Stellung. Es wurde klar zum Gefecht befohlen, was hieß, alle Waffen, auch die 20-mm-Kanonen, die Brownings cal 50., unsere MGs (Minimi) sowie jede Soldatenbraut (FAMAS) wurden durchgeladen. Auch unsere Scharfschützen bezogen in Windeseile ihre Positionen. Der Befehl war klar. Feuer frei auf

jeden Bosnier oder Serben, der auch nur einen einzigen Schuss auf einen unserer Sanitäter oder Parlamentäre abgab. Das Zeichen war stark genug, die Waffen schwiegen.

Als die Situation einigermaßen überschaubar war, rückten unsere Sanitätssoldaten aus – und das gleich zweimal. Sie rannten mit Tragbahren hinaus auf die Achse Rose und riskierten ihr Leben, um die noch lebenden Fahrer zu bergen. Parlamentäre mit Rot-Kreuz-Fahnen liefen ihnen voraus. Ich selbst war an Bord meines VAB C 20, nahm mit der Feldkanone eine mit drei bosnischen Soldaten besetzte Stellung in etwa 400 Meter Entfernung ins Visier. Die Feldkanone war mit einem Mix aus panzerbrechender Munition und Explosivgeschossen geladen. Unsere Jungs lagen abgesessen rechts und links des VAB, teilweise mit Maschinengewehren im Schnee in Stellung. Sie hatten jeder einen Berg Munition bei sich, waren wild entschlossen, zu tun, was getan werden musste. Und ich verstand sie mehr, als ich hier beschreiben kann. Als die Situation bereinigt war, gab es Entwarnung. Ich hatte während der Dauer dieser kleinen Zerreißprobe Zeit genug, meine Legionäre ganz genau zu beobachten. Was mich nicht wunderte, war die anscheinende Abwesenheit von Angst in ihren Gesichtern.

Doch nicht nur ich, sondern auch unser Pfarrer, ein Korse, war stolz auf *seine Jungs*. Jede Militäreinheit hat ihren Geistlichen; wir hatten Père (Pater) Olive. *Olive Tagliazucchi* war sehr beliebt bei uns. Er begleitete uns in fast alle Krisengebiete (Tschad, Zentralafrika, Balkan, Kuwait und Irak), sprang mit uns mit dem Fallschirm ab und scheute sich nicht, auch mal urplötzlich an vorderster Front aufzutauchen oder – *im Namen Gottes* – mit den Legionären mal einen über den Durst zu trinken. Immer aber trug er für jeden sichtbar das Kreuz auf der Brust. Wenn er kam, spendete er Trost, man kam runter, fühlte sich wohl. Einmal, es war zu der Zeit, in der wir die neuen, modular

Unser Militärpfarrer Olive Tagliazucchi: ein großer Mann!

aufgebauten Schutzwesten bekamen, wunderte sich ein französischer Stabsoffizier in Olives Gegenwart über den seiner Meinung nach etwas zu groß geratenen Unterleibs- und Genitalien- bzw. Lendenschutz. Père Olive sah den Offizier verwundert an und erwiderte mit ganz lauter Stimme: *„Wissen Sie, die sind deshalb so groß, weil diese Legionäre hier“* – er zeigte auf uns und machte eine eindeutige Geste mit seinen beiden Händen – *„zwar so ein Herz, aber noch größere Eier haben!“* Es steckte keine Obszönität hinter diesen Worten, sondern ein Ausdruck der Bewunderung für unseren Mut!

Olive Tagliazucchi war der einzige Mann, der es wagte, unserem *chef de corps*, dem Regimentskommandeur, auch mal den Kopf zu waschen. Ich sagte „war“, denn Olive verstarb im Jahr 2013 in Corte mit 71 Jahren. Als ich von seinem Tod erfuhr, bekam ich eine Gänsehaut: Der *große Monsieur*, Vorbild und Ikone vieler Legionäre, der dem menschlichen Abenteuer den Vorrang vor Ämtern in kühlen Wänden gab, war nicht mehr!

Die schweren Wintermonate haben auch uns nicht verschont!

Der Tunnel der Freiheit

... achthundert Meter lang, einen Meter breit und eineinhalb Meter hoch!

Die serbischen Tschetniks hielten alle Höhenzüge rund um Sarajevo. Sie verfügten über schwere Artillerie, Mörser und Kampfpanzer und ein fein ausgetüfteltes Sniper-Netzwerk. Dem gegenüber standen die Bosnier, von denen viele nie in einer Armee gedient hatten. Ihre Waffen waren ihr Mut und ihr Einfallsreichtum.

Ihr Einfallsreichtum und ihr ausgeprägter Überlebensinstinkt ließen sie schließlich handeln. Sie beschlossen, einen Tunnel zu bauen: einen Tunnel in die Freiheit!

Die Idee zum Bau des Tunnels DB (D für *Dobrinja,* ein Stadtteil nördlich und am Ende der Lande- und Startpiste des Flughafens, und B für *Butmir*, ein bosnisches Dorf auf der anderen Seite, also südlich der Lande- und Startpiste) keimte aus einer Begegnung des jungen und brillanten Ingenieurs Nedjad Brankovic mit dem schon in die Jahre gekommenen Rasid Zorlak. Rasid Zorlak war damals der *Head of Logistic* der bosnischen Freiwilligenbataillone. Ziel der beiden war es, eine Verbindung vom Elend in die Freiheit herzustellen. Brankovic entwarf und zeichnete die Pläne, Zorlak hingegen mobilisierte helfende Hände. An Freiwilligen fehlte es nicht und so meldeten sich weit über 200 Männer und Frauen. Der erste Spatenstich für den Tunnel erfolgte in Dobrinja im Januar 1993, doch um Zeit zu gewinnen, trieben die Bosnier auch von Butmir aus einen Tunnel durch die Erde. Die beiden Tunnelverläufe trafen sich im letzten Drittel (unterhalb des Flughafens). Zum Graben benutzten die Bosnier handgeschmiedete Pickel, Schaufeln und Spaten. Ein Beleuchtungssystem, die sogenannte *Kanila*, einfache, mit Öl gefüllte Blechbottiche, brachte bald schon Licht; Gleise sorgten für den Schwertransport! Der Tunnel verlief fünf Meter unter der Lande- und Startpiste. Es war höchste Eile geboten, denn es war bitterkalt in diesem Winter und die Menschen froren und hungerten.

Während unten gegraben wurde, ging oben das Töten ununterbrochen weiter. Täglich fielen 1.200 bis 1.500 Artilleriegranaten auf die doch recht kleine Stadt. T-55 Panzer schossen stündlich und präzise ihre Geschosse ab. Das Ergebnis des Tunnelbaus ist unumstritten. Während wir Anfang des Jahres bis in den Frühsommer hinein jeden Tag Hunderte von bosnischen Kämpfern, einige kaum zwanzig Jahre alt, die von den Kämmen des *Mont-Igman* herabströmten, um in die belagerte Stadt einzusickern, abfingen, so hatten es unsere Nachfolger nur mit etwa zehn oder zwanzig pro Nacht zu tun.

Um kurz auf diese Piste (Schotterweg) des Mont-Igman einzugehen. Sie wurde von den Bosniern benutzt, um sogar mit Fahrzeugen die Hänge herunterzukommen. Ein Abschnitt dieser Piste, etwa einen Kilometer lang, war jedoch durch Feuer von den Serben kontrolliert. Den Abschnitt tagsüber zu benutzen, glich für die Bosnier einem Todeskommando.

Die Entdeckung des Tunnels löste bei den Offizieren der UNPROFOR offensichtlich allerhöchstes Erstaunen und auch eine gewisse Bestürzung aus. Angeblich hatten sie von nichts gewusst. Es war ein Dilemma. Sollten sie die Öffentlichkeit und somit die Presse (und die Serben) darüber aufklären oder nicht? Nach heftigem Für und Wider entschlossen sie sich, die Existenz der Tunnel so lange wie nur irgend möglich geheim zu halten, was sich natürlich mit dem Pakt schnitt, den man mit den Serben im Jahr vorher eingegangen war.

... sollten verhindern, dass die Bosnier den Flughafen als Transitzone für Waffen, Munition, Soldaten etc. benutzten!

Genau das war aber nun der Fall. Als die Serben vom Tunnel erfuhren, gruben sie diesem vom Ende der Lande- und Startpiste einen eigenen Tunnel entgegen. Ihr Ziel war es, den Tunnel der Bosnier mit Wasser zu fluten, um ihn unbrauchbar zu machen. Ihre Bemühungen wurden, soviel mir bekannt ist, jedoch nicht von Erfolg gekrönt.

Im Nachhinein kann man getrost festhalten, dass es nicht der Einsatz der internationalen Hilfstruppe war, die Sarajevo am Leben hielt, sondern der Tunnel der Freiheit.

Achtung, Minen!

Auch wir Legionäre genossen unsere kleinen Freiheiten. Einmal – ich glaube, es war Ende März 1993 – fuhren wir im Konvoi, bestehend aus mehreren VAB und VBL, von Sarajevo nach Kiseljak zum Hauptquartier der UN. Es waren nur etwa 25 Kilometer, doch diese kurze Strecke war Demütigung und Wunder zugleich. *Demütigung?*

Nun, während der Fahrt fiel es uns wie Schuppen von den Augen. An jedem wichtigen Checkpoint der Serben, an dem wir vorbeikamen, standen drei oder vier Kampfpanzer. Sie hatten ihre Kanonen auf uns gerichtet und verfügten über Tonnen und Tonnen von schwerer Munition. Ein einziger T-55 hätte genügt, unseren Konvoi in weniger als einer Minute schrottreif zu schießen. Unsere 20-mm-Kanonen hätten uns da herzlich wenig genützt. Es war eine Ernüchterung, etwa wie ein eisiger Antarktisregen mitten im warmen Frühling. Doch nicht der Anblick der Kanonen versetzte uns eine demütigende Ohrfeige, sondern vielmehr das mitleidige Lächeln einiger großtuerischer serbischer *Lokal Warlords*. Wir wussten, dass wir die besseren Soldaten waren, was wir auch gern bewiesen hätten, doch für jedes Ding gibt es eine Zeit. Und unsere Zeit war *noch nicht* gekommen.

Wunder?

In Kiseljak. Endlich für ein paar Stunden raus aus der Hölle!

Ja! Denn als wir dann durch den Belagerungsring hindurch waren, kam es mir vor, als betraten wir eine ganz andere Welt auf einem ganz anderen Planeten. Gerade eben noch war alles grau, triste, öde und hoffnungslos und nun war es plötzlich hell. Und es war grün. Ich hatte vergessen, dass es diese Farbe gab. Und ich sah Menschen lachen. In Sarajevo hatte niemand gelacht, außer der Bürgermeister von Butmir, wenn er vor lauter Hoffnungslosigkeit eine Flasche Slibowitz ganz allein geleert hatte. Das Gefühl, keinen Helm und keine Schutzweste mehr tragen zu müssen und die Waffe mal beiseitelegen zu können, war unbeschreiblich.

Das zweite Mal, dass wir Sarajevo entfliehen konnten, war so etwas wie Fronturlaub. Wir verbrachten ihn in Primosten in Kroatien: fünf Tage, keinen einzigen mehr.

Das Meer zu sehen, war seltsam. Ich suchte nach Wasserminen, die unter der Oberfläche schwammen – es mussten doch welche da sein. Nur einen Katzensprung weiter, in Šibenik, herrschte doch auch noch Krieg, man hörte den Gefechtslärm bis hierher. Warum sollte also hier kein Krieg sein? Es gibt Menschen, Soldaten, die wohl ihr Leben lang irgendwelche Minen sehen würden – vielleicht gehörte ich ja dazu?

Das 2. REP wacht!

Ablösung

Als Colonel Poulet im Juli 1993 seinen Rucksack und seine Seekiste packte, wusste er, was er seinen Soldaten schuldig war. Das Regiment, angefangen vom einfachen Legionär bis hin zum Fünf-goldene-Streifen-Colonel, hatte auf irgendeine Weise alle beeindruckt, ob nun die Vorgesetzten vor Ort, die in New York oder die verschiedenen Kriegsparteien. Unsere Waffenbrüder des 2. REI aus Nîmes (die erste und die dritte Kompanie und die CCS des 2. REI) sollten uns ablösen, und auch sie sollten es nicht einfach haben, und auch in ihren Reihen sollte es Verluste geben. So ist der Krieg um den Frieden halt!

Epilog

Für mich war der humanitäre Einsatz zermürbender gewesen als ein richtiger Gefechtseinsatz. Zurück in Calvi in der schönen Balagne wurde ich ruhig und nachdenklich. Die Bilder von Sarajevo hatten sich tief in mein Bewusstsein gegraben, sie hatten mir bestätigt, dass Kriege, egal in welcher Form, immer auf dem Rücken der Kinder, der Frauen und der schutzlosen Zivilbevölkerung ausgetragen werden.

Einige Jahre später – ich befand mich in Libreville (Gabun) – erreichte mich die Nachricht des Massakers von Srebrenica. Kurz darauf griffen NATO-Einheiten massiv serbische Stützpunkte im Raum Sarajevo an. Im Rahmen der 10.000 Mann starken europäischen schnellen Eingreiftruppe (QRF) nahmen auch Fremdenlegionäre an diesem Einsatz teil, auch das 2. REP war dabei: ohne Blauhelm diesmal, sondern als Kampftruppe im Rahmen der IFOR und mit ihrem grünen Barett auf dem Kopf. Ich dachte nachdenklich an unseren Ausflug nach Kiseljak und ich dachte daran, dass einigen Tschetniks das Lachen wohl inzwischen vergangen sei, denn es ist schon ein Unterschied, schwach bewaffneten Bosniern und zahnlosen Blauhelmen gegenüberzustehen als Einheiten der Fremdenlegion, die einen klar definierten Kampfauftrag im Gepäck haben. Die Würfel fallen zwar immer zu Beginn, abgerechnet aber wird stets erst am Schluss.

Wie bereits im Vorwort erwähnt, hatte die Paras Legion eine unerwartet gute Arbeit vollbracht. Viele Jahre später, wir schrieben das Jahr 2006, erfuhr ich von einem Bericht, den ein UN-Beobachter verfasst hatte. Er schrieb, dass die amerikanische 82. Luftlande-Division sowie die französische Fremdenlegion ja eigentlich nur brutale Killereinheiten seien, die den humanitären Kontext nicht meistern könnten, und – werden sie dennoch mit solchen Aufgaben konfrontiert – wohl nur eines im Sinne hätten: Missbrauch, Korruption, Vergewaltigungen und Misshandlungen. Ich war zunächst wütend, musste dann aber schmunzeln. Wie – so fragte ich mich – konnte ein Mann, der so einen unqualifizierten Unsinn schrieb, es bis zum Rang eines UN-Beobachters geschafft haben? Durch Plagiat? Ein Fehler in der Administration? Anders konnte es gar nicht sein!

Ja, wir haben Suppen ausgeteilt, aber wir waren die besten Suppenausteiler, die es je in Sarajevo gegeben hat! Und ja, wir haben Wache neben Reissäcken geschoben, UNHCR-Paletten bewacht, tonnenweise Medikamente verteilt, schwangere Frauen unter Lebensgefahr ins Krankenhaus gebracht, Wasser ausgegeben, elektrische Leitungen repariert, während man auf uns schoss, Toten die Augen geschlossen. Wir haben uns in Demut geübt, haben geschwiegen, als man uns UN-Mörder und UN-Barbaren schimpfte, und wir haben sprichwörtlich die rechte Wange hingehalten, nachdem die Linke geschlagen wurde: aber all das taten wir gut und geradlinig. Weil es unser Auftrag war. Und wir waren uns der Verantwortung stets bewusst. Das Vertrauen, das Frankreich und die Welt in uns setzte, haben wir zu hundert Prozent erfüllt.

Genauso hätte es sich verhalten, hätten wir einen Kampfauftrag gehabt: Colonel Puga, ein französischer Offizier der Fremdenlegion, einst Regimentskommandeur des 2. REP, unter dem ich einst diente, hatte diesen *Ésprit*, zu dienen, mal ganz prägnant in wenigen Worten zusammengefasst: „*Wenn Paris entscheidet, dass die Fallschirmjäger der Legion Scheißhäuser putzen sollen, dann tun sie das auch. Und danach gibt es keine Scheißhäuser auf der ganzen Welt, die sauberer sind. Und wenn die in Paris entscheiden, dass wir Krieg machen sollen, dann machen wir Krieg. Und dann sind wir die besten Soldaten der Welt!*“

Und die weniger schönen Seiten? Nun, wir waren indirekt Zeuge davon, wie andere Einheiten Sprit, Munition und Essensrationen für horrende Preise an hungernde, frierende Menschen verkauften. Wir erfuhren von Blauhelm-Einheiten, die der Prostitution mit jungen, einheimischen Frauen frönten, die sich bereicherten und die die Misere, in der die bosnische Bevölkerung steckte, in vollen Zügen zu ihren Gunsten ausnutzten. All das gab es bei uns nicht.

Wir dienten stets in Anlehnung an unseren Ehrenkodex, in dem auch steht: *... ton comportement est toujours digne mais modeste,* dein Auftreten ist immer würdig, aber auch bescheiden! Unser Auftrag war beendet, wir haben viel gelernt und wir sind daran gewachsen. Vive la Légion!

Und General Poulet, unser Chef? Unter seinem Befehl nahm das 2. REP an drei Großeinsätzen teil: Am Bosnienkrieg 1992/1993, an der Operation Oryx / Restore Hope in Somalia 1993 und an der Opération Épervier im Tschad 1994. In seiner letzten Verwendung war Michel Poulet General und Kommandeur der Infanterieschule in Montpellier (EAI), bevor er in den Führungsstab des Ausbildungszentrums des französischen Heeres (COFAT) nach Tours versetzt wurde. General Poulet verstarb im frühen Alter von nur 57 Jahren an Lungenkrebs. Geraucht hatte er nie! Insofern ist das Leben manchmal genauso ungerecht und unverständlich, wie es der ganze Bosnienkrieg gewesen war.

Begriffserklärungen

2. REI – 2. Régiment étranger d'infanterie
Zweites Infanterieregiment (Fremdenlegion). Dieses Regiment ist derzeit (Stand 2010) von der Stärke her das größte in Frankreich. Es hatte sich auf die Panzerabwehr spezialisiert, ist nun aber eine reine Einheit motorisierter Infanterie.

2. REP – 2. Régiment étranger de parachutistes
Zweites Fallschirmjägerregiment (Fremdenlegion). Es ist das einzige Fallschirmjägerregiment der Legion. Einsatz: 3. Dimension. Übernimmt alle delikaten und gefährlichen Einsätze. Das Regiment gilt als die Speerspitze des französischen Heeres schlechthin.

AALP – Amicale des anciens légionnaires parachutistes
Verein (Kameradschaft) ehemaliger Legionäre mit Sitz in Paris

CCS – Compagnie de commandement et de services
Stabs- und Versorgungskompanie

CEA – Compagnie d'éclairage et d'appui
Schwere Aufklärungs- und Unterstützungskompanie

CME – Certificat militaire élémentaire
Lehrgang zum Obergefreiten

COFAT – Commandement de la formation de l'armée de terre
Ehemaliges Zentralorgan, verantwortlich für die Erstellung, die Unterstützung und die Ausbildung des französischen Heeres. Im Jahr 2009 wurde die COFAT durch die Sous-direction Formation et Écoles (SDFE) ersetzt.

CP – Checkpoint

CRAP – Commando de recherche et d'action dans la profondeur
Spezialkommando für den Einsatz hinter den feindlichen Linien

EAI – École d'application de l'infanterie
Infanterieschule in Montpellier

FRF2 – Fusil à répétition modèle F2
Scharfschützen Repetiergewehr vom Kaliber 7.62 × 51mm

GCP – Groupement de commandos parachutistes
Dasselbe wie CRAP (Namensänderung)

IEDs – Improvised explosive device
Unkonventionelle Spreng- und Brandvorrichtung

IFOR – Implementation Force
Umsetzungstruppe, multilaterale Friedenstruppe unter NATO-Kommando

MCD – Mission de courte durée
Auftrag im Kompanierahmen von kurzer Dauer (vier oder sechs Monate)

UCS – Unité de commandement et de services
Stabs- und Versorgungskompanie, bestehend aus mehreren Einheiten

UNHCR – United Nations High Commissioner for Human Rights
Hoher Flüchtlingskommissar der Vereinten Nationen für Menschenrechte

UNPROFOR – United Nations Protection Force
Internationale Schutztruppe der Vereinten Nationen

VLRA – Véhicule léger de reconnaissance et d'appui
Kleiner, nicht gepanzerter Truppentransporter, Typ Lkw-Aufklärungsfahrzeug

VAB – Véhicule de l'avant blindé
13 Tonnen schwerer, leicht gepanzerter Rad-Truppentransporter

VBL – Véhicule blindé léger
Kleines, gepanzertes Rad-Stoßtrupp-Fahrzeug

OPÉRATION SERVAL

IN GEDENKEN

Harold Vormezeele, Marcel Kalfut, Dejvid Nikolic.

Waffenbrüder, ich wollte mit euch von diesen Dingen reden.
Euch sagen, in vier Worten nur, warum ich euch so liebte.
Wenn das Vergessen sich zwischen den geschlossenen Gräbern zieht.
Werde zumindest ich wachen. Und ich vergesse niemals.

(CAPITAINE VICOMTE DE BORELLI)

Vorwort

Als ich vom französischen Militäreinsatz in Mali erfuhr, wunderte es mich überhaupt nicht, dass dem 2. REP eine Schlüsselrolle zukommen sollte. Immerhin saß General Benoît Puga, der ehemalige Regimentskommandeur der Fallschirmjäger der Legion im Elysee. Dort herrschte er als außergewöhnlicher Stabschef in Sachen Militär, war somit direkter Berater von François Hollande, dem Staatschef Frankreichs. General Patrice Paulet, ein weiterer Ex-Regimentskommandeur des 2. REP, dürfte wohl auch das seine dazu beigetragen haben. Zur besagten Zeit war Patrice Paulet Kommandeur der 11. Luftlandebrigade in Toulouse, der Brigade also, der das 2. REP taktisch unterstellt ist. Beide Generäle dienten in der ersten Kompanie des 2. REP, derselben Kompanie also, der auch ich lange Zeit angehörte. Als junger Leutnant nahm Benoît Puga an der Opération Bonite (Léopard) in Kolwesi teil und er war genau zu der Zeit Regimentskommandeur, als die famose Operation Pelican im Jahr 1997 in Kongo-Brazzaville stattfand. Ich selbst war damals Zugführer.

General Patrice Paulet hat vom Profil her eine ähnliche Laufbahn hinter sich. Den Hauptteil seiner Karriere diente er in der Fremdenlegion, fast ausschließlich bei den Fallschirmjägern. Als ich ihm zum ersten Mal begegnete, war er ein vom Ehrgeiz geprägter, junger und sympathischer Leutnant. Etwas später dann, im Jahr 1989, promovierte er zum Hauptmann und wurde in die erste Kompanie versetzt. Er war somit mein direkter Disziplinarvorgesetzter. Nach einer Zeit als Kommandeur der ENSOA, der französischen Unteroffiziersschule in Saint-Maixent, wurde General Paulet Chef der *Association générale de prévoyance militaire (AGPM).* Gemeint ist eine der größten Versicherungsgruppen in Frankreich.

Bevor ich mit dem Einsatz des 2. REP beginne, bin ich es dem Leser schuldig, das außergewöhnliche Regiment kurz vorzustellen. Das 2. Régiment étranger de parachutistes ist das einzige Fallschirmjägerregiment der Fremdenlegion. Erbe des im Oktober 1948 aufgestellten 2. BEP ist seine Devise *More Majorum* – wie unsere Vorgänger. Das Bataillon 2. BEP diente bis 1955 in Indochina. Im November 1955 verlegte es nach Algerien. Im Oktober darauf erfolgt die Neugliederung. Es ist die Geburtsstunde des 2. REP. Von 1955 bis heute nahm das Regiment an fast allen wichtigen Kampfeinsätzen der französischen Armee teil. Nach dem Algerienkrieg wurde das 2. REP nach Calvi (Korsika) abkommandiert. Die ersten Detachements fassten dort im Jahr 1964 Fuß, die Verlegung ist aber erst 1967 vollständig beendet.

Seitdem, und daran hat sich bis heute nichts geändert, bilden die Fallschirmjäger der Legion die Speerspitze der französischen Armee. Fast ohne Pause im Einsatz kämpfen sie hauptsächlich in Afrika (Tschad, Zaire, Kongo, Somalia, Rwanda, Zentralafrikanische Republik, Elfenbeinküste, Mali), aber auch in Bosnien, im Libanon, im Irak sowie in Afghanistan. Außer an scharfen Einsätzen nimmt das Regiment ständig an sogenannten Missions de courte durée (MCD) teil. Dabei werden militärische Einheiten nahe an eventuelle Krisengebiete verlegt. Diese MCDs führen das Regiment regelmäßig in folgende Länder: Französisch-Guyana, Neukaledonien, Gabun, Uganda, Dschibuti und in die Vereinigten Emirate.

Die dritte Dimension, also der Luftlandeeinsatz per Fallschirm, Hubschrauber oder in Form einer Kampfanlandung per C-160 Transall oder C-130 Herkules, wird natürlich privilegiert, doch das Regiment kann auch, wie in der jüngsten Vergangenheit gezeigt, als mechanisierte Einheit im Stil „Panzergrenadiere" eingesetzt werden. Zum Einsatz hin, *aufgesessen, mit den Mitteln der Grenadiere*. Im Kampf, *zu Fuß, im Stil der Fallschirmjäger*. Letzteres haben die Paras Legion in sehr eindrucksvoller Manier in der Elfenbeinküste und in Afghanistan bewiesen.

Neben einer Stabs- und Logistikkompanie (CCL), einer Verwaltungs- und Unterstützungskompanie (CAS), einer Instandsetzungs-Kompanie (CMR) und einer Reserveeinheit (sechste Kompanie), gliedert sich das Regiment wie folgt in fünf Kampf- und in eine schwere Kompanie (CA, einst CEA).

Erste Kompanie: Orts- und Häuserkampf. Nachtkampf.

Zweite Kompanie: Kampf im Gebirge. Winterkampf.

Dritte Kompanie: Amphibische Kompanie, Taucher, Kampfschwimmer.

Vierte Kompanie: Sabotage, Scharfschützen und Sniper.

Fünfte Kompanie: Kampf im Umfeld Wüste.

CA: Schwere Kompanie mit einem Aufklärungszug (SRR), einem Panzerabwehrzug (SAC), einem Scharfschützenzug (STE) und dem Spezialeinsatzkommando (GCP – Schwerpunkt Terrorismusbekämpfung und Geiselbefreiung). Taktisch der 11. Fallschirmjägerbrigade unterstellt, ist der Einsatzschwerpunkt des 2. REP die Kommandokriegsführung.

Krisenherd Westafrika

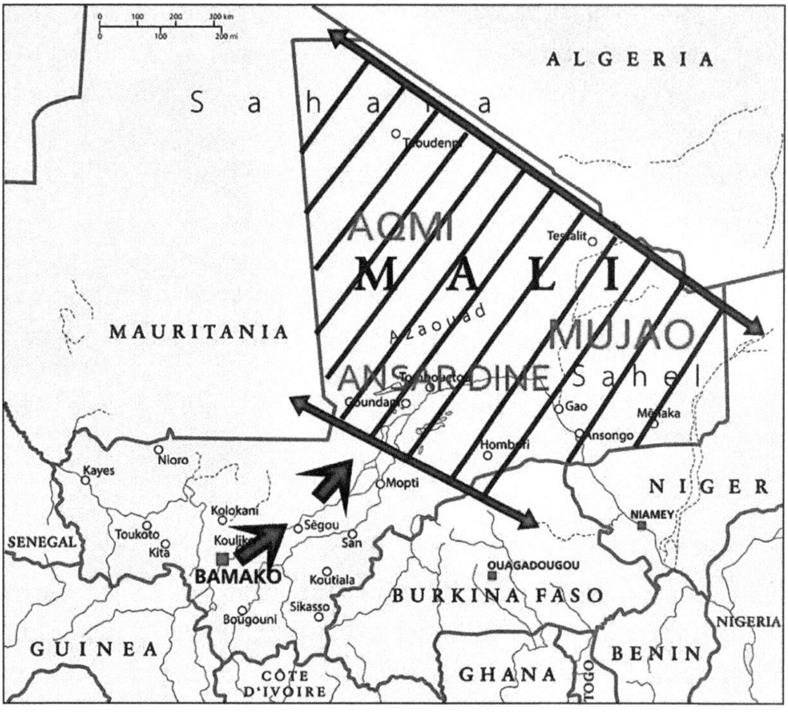

Operation SERVAL. „Ein Volk, ein Ziel, ein Glaube" (Wahlspruch der Republik Mali)

Die Tuareg (Tarqi: ‚die von Gott Verstoßenen'; faktisch ist diese Bezeichnung eine Verunglimpfung) werden seit Anbeginn der Kolonisation missachtet, ihre Interessen mit Füßen getreten. Doch die Piraten der Wüste sind ein stolzes Volk. Dieser Stolz verhindert es, dass sie weder das Joch der deutlichen Majorität der schwarzafrikanischen Bevölkerung – hauptsächlich Nigerianer und Malier, noch das der Franzosen einfach so hinnehmen.

Seit jeher kam es zu Aufständen. Manche geben als Gründe dafür die ständigen Hungersnöte und die Dürre an, andere sagen, es war ein *Ras le bol* (‚Überdruss', ‚die Nase voll haben'), wie die Franzosen es ausdrücken würden. Am Ende aber steckt nichts anderes dahinter als dieser reine Stolz. Unzählige Friedensverträge wurden ausgehandelt, doch diese sind nicht von Dauer, denn sie wurden immer zum Nachteil der Tuareg verfasst. Und so verbringen die Tuareg ihre Tage und Nächte damit, verratene Unabhängigkeitsträume zu verarbeiten. Aus den Nomaden von einst wurden mit der Zeit Schmuggler, Handlanger und Söldner Gaddafis.

Vor allem in Mali rumorte es. Während des Bürgerkriegs im Jahr 2011 in Libyen verschärfte sich die Sicherheitslage in Mali abrupt, als plötzlich Ex-Tuareg-Kämpfer als „Nationale Bewegung für die Befreiung des Azawad" (MNLA) über Niger nach Mali eindrangen und dort weite Gebiete im Norden des Landes unter ihre Kontrolle brachten. Im Kielwasser der MNLA – anfangs in ihrem Schatten, aber bald darauf schon Seite an Seite – tummelten sich Mitglieder und Verbündete der Terrorgemeinschaft Al-Qaida im Maghreb und radikale Salafisten. Nach und nach eroberten sie alle Schlüsselstädte im gebirgigen Norden des Landes: Kidal fällt am 30. März 2012, Gao und Timbuktu zwei Tage später.

Einige Tage vor den Präsidentschaftswahlen, zu Beginn des Jahres 2012, übernahmen abtrünnige Militärs der regulären Armee Malis unter der Führung von Hauptmann Amadou Sanogo durch einen Putsch die Macht. Die Rebellen warfen der Regierung Schwäche in der Tuareg-Frage vor. Gleich mehrere Mitglieder der Regierung wurden von den Rebellenführern der

Armee als Geisel genommen. Die Putschisten verhingen eine Ausgangssperre, setzten die Verfassung außer Kraft und schlossen alle Grenzübergänge sowie den Flughafen Bamako. Im Norden des Landes kam es daraufhin zu heftigen Unruhen innerhalb der Armee. Die Spaltung des Landes Nord – Süd stand unmittelbar bevor.

Der Islamist Iyad Ag Ghaly, ein ehemaliger Tuareg-Führer, genannt auch *Löwe der Wüste,* nutzte die Gunst der Stunde. Mit seiner islamistischen Gruppe Ansar Dine nistete er sich in den eroberten Städten ein. Kurzerhand *entthronte* er die MNLA und forderte unverhohlen die Einführung der Scharia. Geherrscht wurde fortan im Stil der Taliban. Frauen wurden gesteinigt, Männer ausgepeitscht, ihre Glieder amputiert, Kulturgüter zerstört. Die Hochburg der Islamisten war Timbuktu, die Perle der Wüste.

Um die Rebellen zur Raison zu bringen, führte die Westafrikanische Wirtschaftsgemeinschaft (ECOWAS[*]/CEDEAO[**]) harte Sanktionen ein, jedoch: Im Januar 2013 bewegten sich gleichzeitig mehrere terroristische Gruppen auf den Süden des Landes zu. Sie nahmen die Stadt Konna im Handstreich und bedrohten das südlicher gelegene Mpoti. Das angestrebte Ziel: die Hauptstadt Bamako.

Frankreich war plötzlich hellwach, denn es hat insgesamt 58 Atomreaktoren in Betrieb. Mehr als ein Drittel des dafür notwendigen Urans kommt aus dem Niger. Timbuktu, nun eine Hochburg von islamistischen Terroristen, ist nicht einmal 500 Kilometer von Niger entfernt. Gao liegt gar noch näher an der Grenze. Abgesehen vom nigerianischen Uran und der Bekämpfung des Terrorismus hat Frankreich sicher auch andere Interessen, die Trikolore neben der malischen Flagge in Bamako und

---

* Economic Community of West African States

** Communauté économique des États de l'Afrique de l'Ouest

Timbuktu zu hissen: Erdöl, Diamanten, Gold und was in Zukunft fast noch wichtiger sein wird: Wasser! Mali besitzt unglaubliche unterirdische Süßwasserreserven. Wasser, und davon müssen wir zum derzeitigen Stand der Dinge leider ausgehen, wird in naher Zukunft wertvoller und teurer sein als Öl. Das wissen auch Frankreichs Experten.

Hinein in dieses sich anbahnende geopolitische Bedrohungsszenario, bat Mali Frankreich um Hilfe. Selbst die Vereinten Nationen erwarteten eine französische Reaktion. Der amtierende Präsident Hollande reagierte umgehend auf die Anfrage der malischen Regierung. Die Operation SERVAL wurde beschlossen. Glaubt man Präsident Hollande, so war das einzige Ziel der Operation Serval, das Land von den Terroristen zu befreien.

Chronologische Kurzfassung der Operation SERVAL bis zum Eintreffen der Fallschirmjäger des 2. REP

Die französischen Militärstrategen sehen drei Phasen für das Eingreifen der Armee vor.

Phase 1: Abriegelung in der Tiefe. Der Vorstoß der islamistischen Terroristen nach Süden sollte durch den Einsatz von Spezialkräften, von der Luftwaffe und den Kampfhubschraubern des Heeres mit allen Mitteln verhindert werden.

Phase 2: Halten. Mithilfe eines untergeordneten Einsatzverbandes S-GTIA sollte im strategischen Markala ein Brückenkopf geworfen werden, um sicherzustellen, dass die an der Phase 3 beteiligten Kräfte freies Feld hatten.

Phase 3: Angreifen und Vernichten. Ab Bamako: offensive Aufklärung betreiben. Mit einer GTIA blitzschnell vorstoßen nach Norden. Ziele: Kidal, Gao, Timbuktu.

Verlauf

10. Januar: Erste Truppenbewegungen werden gemeldet. Aus dem Rahmen der laufenden Operation Sabre landen überraschend schnell die französischen Spezialtruppen (COS) per

C-160 Transall in Mali. Sie sichern den Flughafen Mopti-Sévaré und betreiben eine aggressive, offensive Aufklärung. Zu den COS, dem Oberkommando für Sondereinsätze, gehören einige Hundert Männer der französischen Fallschirmjäger, die *Bérets Rouges*, darunter das 1. RPIMA, das 13. RDP sowie Kommandoeinheiten der Luftwaffe (CPA 10) und der Marine (Commando marine).

11. Januar. Nachmittag: Es kommt zu den ersten offiziellen Einsätzen. Die COS kämpften bereits seit dem frühen Morgen Seite an Seite mit Einheiten der malischen Armee gegen islamistische Terroristen. Zwei Mil-Mi-24-Kampfhubschrauber der malischen Armee nehmen ein Camp der islamistischen Terroristen in Konna unter Feuer. Französische Kampfhubschrauber des Typs Gazelle, bewaffnet mit der Panzerabwehrlenkwaffe HOT und mit 20-mm-Maschinenkanonen, sowie die bereits vorpositionierten COS nehmen zwischen Konna und Mpoti eine Fahrzeugkolonne ins Visier und stoppen vorerst den Vormarsch der etwa 1.200 islamistischen Terroristen in Richtung Bamako. Vier feindliche Fahrzeuge werden dabei zerstört. Frankreich beklagt bereits am ersten Tag des Einsatzes ein Opfer. Leutnant Damien Boiteux, einer der Piloten eines zu tief fliegenden Hubschraubers, der ins feindliche Kreuzfeuer kommt, unterliegt seinen Verletzungen. Ein anderer Hubschrauber wird schwer beschädigt und muss notlanden. Die französische Crew zerstört ihren Hubschrauber und wird von einem Rettungsteam der Spezialkräfte in Sicherheit gebracht.

11. auf 12. Januar. Nacht: Nach Einbruch der Dunkelheit, gegen 19h15, greifen französische Kampfflugzeuge des Typs Mirage 2000D in das Kampfgeschehen ein. Unterstützt werden sie dabei von Tankflugzeugen KC-135. Ein Hauptquartier der islamistischen Gruppe Ansar Dine wird von zwei Bomben völlig zerstört. Derweilen bereiten sich zwei französische, im Tschad stationierte Regimenter der laufenden Operation Épervier darauf vor, noch in derselben Nacht mittels C-160 Transall und C-130 Herkules von N'Djamena nach Bamako verlegt zu werden. Es handelt sich hierbei um die Marineinfanteristen des 21. RIMA mit etwa 20 VAB, und um Fremdenlegionäre des 1. REC mit 3 ERC 90 SAGAIE, kleine agile Panzerjäger. In Frankreich wartet bereits ein weiteres Marineinfanterieregiment (2. RIMA) darauf, in die laufenden Transalls C-160 zu steigen.

12. Januar. Tag: Die französische Luftwaffe führt ihre Angriffe fort. Mirage 2000D greifen Ziele nördlich der Linie Konna – Léré an.

13. Januar: Die Luftangriffe gehen weiter. Eine zusätzliche Infanteriekompanie (200 Soldaten des 2. RIMA) verstärkt die französischen Truppen in Bamako. Des Weiteren werden vier Kampfflugzeuge Dassault Rafale für den Einsatzort angefordert. Sie sollen Trainingscamps, Logistikzentren und andere Infrastrukturen der Terroristen angreifen. Mirage- und Rafale operieren von N'Djamena, der Hauptstadt Tschads, aus. Am Ende desselben Tages landet in der Luftwaffenbasis 105 in Evreux eine C17 Globemaster. Es handelt sich hierbei um ein strategisches Transportflugzeug der Royal Air Force. Es soll Soldaten und Kriegsmaterialien nach Mali bringen. Zum ersten Mal greifen auch französische Tiger-Kampfhubschrauber wirkungsvoll ins Kampfgeschehen ein.

Der Islamistenführer Omar Ould Hamaha erklärt. *„Frankreich hat die Tore der Hölle aufgestoßen. Die Falle, in die sie gehen, wird schlimmer sein als Afghanistan, Irak und Somalia. Und das ist erst der Beginn!"*

14. Januar: Bei Sonnenaufgang greifen etwa 400 Islamisten die Stadt Diabaly an. Malis reguläre Armee, etwa 200 Soldaten, halten die Garnison zunächst, doch sie haben keine Chance. Nach blutigen Kämpfen überlassen sie den Islamisten das Terrain. In der Nacht auf den 15. Januar nimmt die französische Luftwaffe mehrere Fahrzeugkolonnen bei Diabaly unter Feuer.

15. Januar: Französische Truppen, aufgesessen auf circa 30 VBL (leicht gepanzerte Fahrzeuge) und VAB-Transportpanzer aus Abidjan (Elfenbeinküste) kommend, verlassen in aller Eile den Flughafen Bamako und stoßen ins Landesinnere vor. Ihr Auftrag: eine wichtige Brücke über den Nigerfluss bei Markala, 270 Kilometer nördlich von Bamako, halten. Es handelt sich um ein SGTIA, einen zweiten, untergeordneten Gefechtsverband.

16. Januar: Die Verlegung von französischen Truppen nach Bamako läuft auf Hochtouren. Mittels Lufttransport von Maschinen des Typs C-17 und C-130, bereitgestellt von alliierten Kräften, kommen die Truppen hauptsächlich aus N'Djamena (laufende Operation Epervier) und aus Abidjan (laufende Operation Licorne). Derweil greifen französische Kampfflugzeuge und Kampfhubschrauber unablässig weiter Ziele in der Region Diabaly an.

17. Januar: Die malische Armee erobert nach schweren Kämpfen die Stadt Konna zurück. Gleichzeitig wird die *Mission internationale de soutien au Mali sous conduite africaine (MISMA)* aufgestellt. Das Anfangskontingent umfasst 830 Soldaten aus Niger, Nigeria, Benin und aus dem Togo.

18. Januar: Französische und malische Soldaten erobern die Städte Niono und Sévaré. Diese Städte befinden sich nördlich der Hauptstadt Bamako. Sie sind von großer taktischer Bedeutung.

21. Januar: Diabaly wird von Bodentruppen der regulären malischen Armee zurückerobert.

22. – 24. Januar: Die französische Luftwaffe bombardiert AQMI-Lager in Timbuktu und Ansongo.

25. Januar. Die Nacht der Spezialkräfte: Gao, bisher kontrolliert von Terroristen des MUJAO, wird zurückerobert. Einem Element der französischen Spezialkräfte COS gelingt es, heimlich in die Stadt Gao einzudringen. Das geschieht in der entscheidenden Phase mit Unterstützung der französischen Luftwaffe. Die sich sofort anbahnenden Kämpfe, hauptsächlich um die Wabaria-Brücke über den Niger im Südteil der Stadt, fordern vor allem unter den islamistischen Terroristen viele Opfer. Fünfzehn von ihnen sterben. Etwas später in der Nacht greift ein Tiger-Kampfhubschrauber der französischen Streitkräfte eine Fahrzeugkolonne an, wobei weitere zehn Terroristen getötet werden.

Ein Fallschirmjägerkommando, das *Commando parachutiste de l'air no 10 (CPA 10)* der französischen Luftwaffe, das den COS unterstellt ist, säubert und sichert den Flughafen Gao. Diese Aktion erlaubt die Landung taktischer Transportflugzeuge. Auch Soldaten aus Mali, aus dem Tschad und aus Nigeria werden nach Gao eingeflogen. Französische und afrikanische Truppen nehmen nach intensiven Luftangriffen schließlich Gao ganz ein. Etwa zeitgleich stößt der militärische Hauptverband (GTIA 21. RIMA), bestehend aus über 600 französischen Marineinfanteristen, Richtung Nordosten vor. Léré wird gesichert. Das GTIA stellte sich hauptsächlich aus den Marineinfanteristen des 21. und des 2. RIMA zusammen. Begleitet wurde es von Soldaten des 17. RGP (Fallschirmjägerpioniere) und des 1. REC (gepanzerte Einheit der Legion).

Das nächste Ziel? Timbuktu!

Timbuktu ist aber fest in der Hand der islamistischen Rebellen, hauptsächlich bestehend aus erfahrenen Kämpfern von Al-Qaida (AQMI).

27. – 28. Januar: Spät in der Nacht nähert sich das GTIA / 21. RIMA Timbuktu. Auftrag: Alle Zugänge zur Stadt einnehmen und kontrollieren, und Verbindung mit den Paras der Legion aufnehmen.

Diese Aktion ist umso bemerkenswerter, als dass die Soldaten des GTIA – sie waren auch an der Eroberung Nionos beteiligt – innerhalb von nur fünf Tagen fast 1.000 Kilometer von Diabaly nach Timbuktu unter schwierigsten Bedingungen (Sandstürme, festgefahrene Fahrzeuge, eingestürzte Brücken, Hinterhalte etc.) zurückgelegt hat und dennoch ihre Kampfkraft und vor allem ihre Kampfmoral behielt.

Doch die Aktionen des GTIA werden überschattet von einem Ereignis, das sich fast gleichzeitig abspielt und das an sich einzigartig in der französischen Militärgeschichte ist.

Einsatz der Fallschirmjäger der Fremdenlegion in Mali

„Es ist ein riskanter Alleingang. Sowohl die USA als auch England haben zwar Unterstützung angeboten, gleichzeitig aber den Einsatz von Bodentruppen ausgeschlossen. Doch Frankreich hat seine Fremdenlegion ... und diese hat das 2. REP."

(THOMAS GAST)

Camp Raffalli, 11. Januar 2013.

Im Camp am Fiume-Secco-Fluss herrscht reges Treiben. Kein Wunder, es ist die Zeit der Fête des Rois, der Feier rund um den Dreikönigstag. Die Männer, der Regimentskommandeur allen voran, lassen die Zügel gern einmal schleifen, denn so oft haben sie die Gelegenheit dazu nicht. Man bricht die Galette des Rois, trinkt Weißwein, feiert mit der Familie und besinnt sich. Zwei Kompanien jedoch fehlen. Les Noires und les Gris: Die Kampfschwimmer der dritten Kompanie, les Noires, sind bereits in der Zentralafrikanischen Republik im Einsatz.

Hintergrund: Im Dezember 2012 nahmen schwerbewaffnete Séléka-(Allianz-)Rebellen mehrere strategische Städte ein. Ndélé am 10. Dezember, Bambari am 23. Dezember und später dann Sibut am 29. Dezember. Nun standen sie nur 100 Kilometer vor den Toren Banguis. Ihr Ziel: das Regime unter Präsident Bozizé stürzen. Parallel dazu war die französische Botschaft in der Hauptstadt Bangui in Gefahr, vom Mob, unter den sich ehemalige Soldaten gemischt hatten, geplündert und eingenommen zu werden. Frankreich reagierte umgehend, bediente sich seiner effizientesten Einheit: der Légion étrangère!

Gegen Ende Dezember 2012, in der Nacht vom 27. auf den 28., wurde die 3. Kompagnie des 2. REP klammheimlich und von den Medien kaum beachtet per C160 Transall und CASA CN 235-200 von Libreville nach Bangui beordert. Der erste Auftrag: das Camp M'Poko am Flughafen zu verteidigen, zu sichern und rundherum eine offensive Aufklärung zu betreiben. Derweil beugt man sich in den Stäben über Evakuierungspläne für die zivile Bevölkerung.

In Bangui stießen die Legionäre auch auf eine Kompanie des 2. REI. Das 2. REI ist ein Infanterieregiment der Legion, stationiert in Nîmes und derzeit das größte mechanisierte Infanterieregiment Frankreichs. Auch hundert Special Forces der USA waren vor Ort. Die Entsendung der beiden Legions-Eliteeinheiten war ein Signal an die Séléka-Rebellen. Ein starkes noch dazu.

Sie wussten, dass die Legionäre nicht gekommen waren, um lange herum zu fackeln. Zusammen mit einer Handvoll Bérets Rouges des 8. RPIMA sollte die Fremdenlegion in Bangui wieder einmal mehr die Feuerwehr spielen.

Und les Gris? Die 4. Kompanie? Die Scharfschützen und Saboteure der Vierten befanden sich in Abu Dhabi als Gast beim Bruderregiment der 13. DBLE. Sie hatten gerade mehrere aufreibende Manöver hinter sich, hauptsächlich die Übung Amitié, der ein Fallschirmabsprung in Djibouti vorausgegangen war. Die Kompanie stellte unter anderem auch einen Zug für die laufende Operation Tamour an der Grenze Jordanien/Syrien ab. Die Rückkehr nach Calvi war erst für Anfang Februar geplant. In Calvi blieben also folgende Kampfkompanien zurück: Die 1. Kompanie, die 2. Kompanie und die CEA (heute CA).

Genau in diesen Kontext hinein wird das Regiment am 11. Januar in Alarmbereitschaft Guepard versetzt. Ein Wort ist in aller Munde: Mali! Die Situation in dem Land, das der Fremdenlegion nicht unbekannt ist, verschlimmert sich zusehends.

Da der Regimentskommandeur, Colonel Benoît Desmeulles, einst als junger Leutnant Zugführer in der 2. Kompanie war, versteht es sich von selbst, dass – sollte es zu einem Einsatz kommen – er prioritär die 2. Kompanie eventuell mit Teilen 1. Kompanie und CEA dazu auswählen wird. Und genauso kommt es schließlich. Innerhalb von nur wenigen Stunden ist das Regiment einsatzbereit. Die Ausrüstung Guepard ist empfangen, alle Waffen, die Optik, die Funkgeräte und zusätzliches Material sind in den dafür vorgesehenen Kisten verpackt und die Zugführer und ihre Stellvertreter verbringen eine *Nuit blanche* (schlaflose Nacht) damit, alle administrativen Details zu managen. Allgemein ist Diskretion angesagt. Die Legionäre wissen nicht genau, was auf sie zukommt und werden, sollte etwas durchgesickert sein, zum absoluten Schweigen verdonnert.

Das Warten auf den Einsatz beginnt!

Am 23. Januar wird das Detachement des Regiments nach Abidjan, der Hauptstadt der Elfenbeinküste verlegt, um dort das 3. RPIMA abzulösen. Die Bérets Rouges waren bis dato mit Männern des 1. RHP im Rahmen der Operation Licorne eingesetzt. Das 2. REP übernimmt, doch aus Licorne wird – kaum hat das Regiment den Boden der Elfenbeinküste betreten – SERVAL. Noch immer wissen die Paras der Legion nicht, dass sich für sie ein Guerillaeinsatz nach Maß anbahnt! Der kommende Einsatz unterliegt strikter Geheimhaltung. Niemand kennt den Einsatzraum, niemandem ist es gestattet, zu telefonieren. Ja, man sammelt sogar die Handys ein: Schweigen. Das Legionärs-Kontingent setzt sich wie folgt zusammen:

- ***Die zweite Kompanie des 2. REP***
- ***Ein Fallschirmjägerzug der ersten Kompanie des 2. REP***
- ***Ein Element GCP des 2. REP***
- ***Ein État- Major tactique / Führungsstab (Harpon)***
- ***Ein kompletter Panzerabwehrzug (SAC) der CEA***

Seit diesem 23. Januar ist Schlaf für die Legionäre fast so etwas wie ein Fremdwort. Hinter vorgehaltener Hand wird geflüstert, was die französischen Generäle planen: Die große Nigerschleife, das Gebiet entlang des Nigerflusses zwischen Gao und der Oasenstadt Timbuktu, soll zurückerobert werden.

Am 26. Januar erfolgt eine Kampflandung in Gao. Das 1. RCP unterstützt somit die dort bereits operierenden Spezialkräfte der COS. In den Stäben ist es bereits beschlossene Sache: Nur eine OAP, also eine Luftlandeoperation per Fallschirmsprung kann das sich anbahnende Drama in Timbuktu noch abwenden.

Am 27. Januar, am Flughafen in Abidjan, geben die Kompaniechefs der 2. Kompanie und der CEA die letzten Befehle und schon bald heißt es: *En commençant par le casque, équipez vous!* Beginnend mit dem Helm Schirme anlegen! Ruhig, mit Gesten hundertmal geübt, legen die Legionäre ihre Fallschirme an. Die Spezialisten des 1. RTP und deren Absetzer helfen, wo sie nur können.

Das Sprunggepäck wiegt schwer: Funkgeräte, Nebeltöpfe, Nachtsichtgeräte, Waffen (Famas, HK416, Minimi, FRF2, HB-Browning 12,7, AT-4, LGI, Eryx, Milan), Hand- und Gewehrgranaten, Munition, ... Es bleibt nur wenig Platz für Essensrationen in den Sprunggepäckbehältern! Jeder Legionär versucht, ein Maximum an Ausrüstung mitzunehmen, denn einmal am Boden soll es zunächst keinen Nachschub geben. Einige Gaines (Sprunggepäckbehälter) waren so voll, dass sie mit Panzertape zusammengehalten werden mussten. Das Gepäck wog fünfzig Kilo, oft mehr. Da die Fallschirme nur für ein Gesamtgewicht von 130 Kilo zugelassen waren, gab es Probleme, aber das störte in dieser Nacht niemanden.

Anm. d. Verf.: Ein Soldat mit voller Ausrüstung, jedoch ohne Sprunggepäck, wiegt etwa 90 Kilo. Wenn das Gepäck über 50 Kilo schwer ist, dann ist das Limit bei Weitem überschritten!

Natürlich durfte man auch die Schutzwesten nicht vergessen, von denen jede einzelne schon etwa fünfzehn Kilo wog. Die Panzerabwehrwaffen MILAN müssen ebenso mit wie die ACCP Eryx*. Das heißt Schwerstarbeit beim Verladen und ein besonderes Augenmerk unmittelbar nach dem Sprung, denn diese Waffen dürfen keinesfalls in die Hände der Dschihadisten fallen.

Es ist heiß, 37 Grad. Aus den Gesichtern der Männer ist die Müdigkeit verschwunden. Die Entschlossenheit und die Konzentration haben sie verjagt. Kurz darauf beschuffeln** die

---

* tragbare, halbautomatische Panzerabwehrflugkörper mit kurzer Reichweite

** Beschuffeln: militärisch für ‚Besetzen eines (Luft-)Fahrzeugs'

Legionäre des 2. REP die Maschinen. Sie teilen sich in vier Sprungreihen und drängen sich auf die Sitze. Zwei C-130 Herkules und drei C-160 Transall werden für den Nacht-Gefechtssprung zur Verfügung gestellt. 35 Jahre nach Kolwesi sollen die Paras Legion einmal mehr Geschichte schreiben.

Der Auftrag?

Timbuktu aus der Hand der Dschihadisten befreien und somit den Weg für die Bodenoffensive der Operation Serval öffnen. Es ist ein delikater Auftrag und die Legionäre sind sich dessen nur allzu bewusst. Der Flug dauert vier Stunden. Angesichts der langen Flugdauer hätten Hauptmann Desmeulles und seine Männer auch die Wahl gehabt, erst im Flugzeug, zum Beispiel zwei Stunden vor Erreichen der Dropzone, die Schirme anzulegen, doch das war zu riskant. Bei dem Gedränge im Rumpf der Maschine, bei der Hitze und in der allgemeinen Spannung hätte sich sicher der ein oder andere Fehler eingeschlichen. Fehler, die fatale Auswirkungen haben konnten. Vier Stunden können sehr lange sein. Einige Legionäre schlafen, andere beten. Alle jedoch wissen, dass sie an einer Operation teilnehmen, die seit Kolwesi keine Einheit mehr vollbracht hatte. Es ist zwanzig Minuten nach Mitternacht, als rotes Licht gegeben wird.

Anm. d. Verf.: Den letzten Gefechts-Nachtsprung einer Einheit der Fremdenlegion hatte es im April 1954 gegeben. Damals sprang das 2. BEP unter schwerem Beschuss über der vom Vietminh eingekreisten Dschungelfestung Dien Bien Phu ab, um zu retten, was noch zu retten war – umsonst, wie sich vor dem Sprung bereits abgezeichnet hatte.

Doch man befindet sich in Mali. Sicher sind die Umstände anders als im Jahr 1978 in Kolwesi, aber die Gesten bleiben gleich. Die Worte auch.

Debout! Relevez les sièges! Accrochez! Inspection!

Aufstehen! Sitze hochklappen! Einhaken! Überprüfen!

Letzteres geschieht schnell, aber wie immer sehr konzentriert und professionell. Die meisten Legionäre haben über fünfzig Sprünge im Gepäck, einige alte Hasen sogar mehr als hundert, aber kein Sprung ist jemals Routine. Die Gedanken sind bereits einige Schritte weiter. Was wird sie tatsächlich am Boden erwarten? Einige denken an Kolwesi. Die Fallschirmjägerkameraden von damals wurden bereits in der Luft von den feindlichen Kräften beschossen. Die DRM, der militärische Nachrichtendienst Frankreichs, geht davon aus, dass etwa 150 Dschihadisten die Stadt verteidigen werden. Sie rechnen mit blutigen Straßenkämpfen.

Am Boden nähert sich fast zeitgleich das GTIA der Stadt. Die ganze Operation ist in etwa synchronisiert, denn sollten die Legionäre mit ihrem „leichten Gerät“ angegriffen werden, würden sie jede nur denkbare Unterstützung brauchen.

Es ist Vollmond. Die Transalls und Herkules sind vom Boden aus mit geübtem Auge gut sichtbar, doch jetzt daran zu denken, ist Zeitvergeudung: *Serrez vers l'avant: Le premier en position: Go!* Vorrücken! Fertig zum Sprung! Ab! Absetzhöhe 300 Meter. 246 Fallschirmjäger springen ins Freie.

Manche sagen, ein Befehlshaber dürfe sich nie in Gefahr begeben, weil mit seinem Tod die ganze Operation in Gefahr geriete. Doch die Legion hält es nicht immer so. Einer der Ersten nämlich, der die vorneweg fliegende Maschine verlässt, ist Benoît Desmeulles, der Regimentskommandeur. So ist es bei den Fallschirmjägern der Legion üblich.

Um die Tragkraft der Fallschirme zu erhöhen und um gleichzeitig die Sinkgeschwindigkeit zu reduzieren, ziehen einige Legionäre, sobald der Hauptschirm geöffnet ist, auch den Reserveschirm. Dazu gehört eine gewaltige Portion Mut, denn die Fallschirmleinen des Reserveschirms können sich um die des Hauptschirms wickeln: Schluss mit lustig. Nicht umsonst singt man auch im 2. REP: *Abgeschmiert aus hundert Metern, aus der alten Tante Ju. Mit geschlossenem Schirm zur Erde fand ein Springer seine Ruh'!*

Lautlos schweben sie dem afrikanischen Boden entgegen. Es ist weder hell noch ganz dunkel, eher eine Art Dämmerlicht. Zu Füßen der Paras schläft Timbuktu, die geheimnisvolle Stadt, die im Jahr 1828 der Afrikaforscher Rene Cailie als einer der ersten Europäer als Muslim verkleidet betrat. Was die Legionäre nicht sehen können, ist die Drohne HARFANG. Lautlos schwebt sie über ihren Köpfen und filmt den Absetzvorgang. Auch eine Atlantique-2 (Breguet Atlantic) klärt in größerer Höhe auf.

Das Besondere an diesem Einsatz?

Der Plan sah ursprünglich vor, die GCP im Vorauskommando per Freifall aus großer Höhe abzusetzen. Sie sollten die Sprungzone sichern, Markierungen anbringen und die Flugzeuge leiten. Doch das war zu riskant. Man sprang also im Block, alle Elemente gleichzeitig. Es war ein Sprung hinter die feindlichen Linien (die islamistischen Fanatiker waren keine Minute von der Sprungzone entfernt) und so gab es keine Markierung, keine sichtbaren eigenen Truppen am Boden um die Sprungzone. Doch mit dem Risiko mussten die Paras klarkommen – und das taten sie auch.

Kurz darauf sind die knapp 250 Legionäre am Boden. Seit dem grünen Licht und dem Go der Absetzer sind kaum 65 Sekunden vergangen. Die Reflexe sind gut. Die erste Geste ist immer, liegend den Schirm abzulegen. Das geschieht innerhalb von drei Sekunden. Danach gilt es, die Waffe aus dem Sprunggepäckbehälter zu holen und durchzuladen.

Erst jetzt „einsatzbereit" sucht der Blick den Kameraden. In Windeseile sammeln sich die Gruppen und Züge und besetzen alle Schlüsselpunkte. Schnelligkeit ist Trumpf. Die Panzerabwehrsysteme Milan werden sofort in Stellung gebracht. Man fürchtet die schnellen Pick-ups der Terroristen. Seit dem Sprung sind etwa 90 Minuten vergangen!

Zwei Checkpoints und ein Trainingslager werden überrannt und aus der Bewegung heraus eingenommen. Der Feind flieht, hatte nicht mit so einer gewagten Aktion gerechnet. Bei erstem Tageslicht dringen die Paras des 2. REP in die Stadt ein und kurz darauf flattert die Trikolore munter im Wind.

Von der Bevölkerung wird diese Aktion frenetisch gefeiert. Der Freudentaumel der Menschen gleicht der Hysterie. Wohin das Auge fällt, werden französische Fahnen geschwungen. Rufe *Hollande* und *Légion étrangère* werden laut. Frauen lüften ihre Schleier. Gesten, für die man sie gestern noch gesteinigt hätte, waren plötzlich erlaubt. Der Garant für diese neue Freiheit waren die Bérets verts des 2. REP.

Erst jetzt, in Kontakt mit der Population, erfahren die Legionäre, dass der Feind den Sprung beobachtet, es aber vorgezogen hat, die Stadt auf Schleichwegen zu verlassen. Sehr viele Malier bieten sich an, die Patrouillen zu den noch heißen Stellungen zu führen, in denen vor Stunden die Dschihadisten noch an eine Verteidigung der Stadt glaubten.

Am selben Tag noch kam es zum Schulterschluss der französischen und der malischen Armee. Timbuktu ist eingenommen worden, ohne dass es zu bedeutenden Kämpfen gekommen wäre. Die Legionäre des 2. REP haben ihre Arbeit getan, der Alltag des Kriegsgeschehens geht weiter. Bis Anfang Februar laufen sie zahlreiche Aufklärungspatrouillen in Richtung Norden. Am 2. Februar ist hoher Besuch angesagt. Präsident Francois Hollande und sein Gefolge kommen nach Timbuktu, nachdem sie bereits in Bamako die Situation mit eigenen Augen begutachtet hatten. Frankreich will Informationen, denn die Presse hält sich bedeckt.

Die Sicherheitsvorkehrungen sind enorm: Zwei Kampfflugzeuge Mirage, jeweils ein Kampfhubschrauber Gazelle und Tiger, sowie ein Aufklärungsflugzeug Atlantique-2 kreisen nonstop in der Luft. Am Boden wird eine ganze Kompanie des 2. REP zum Schutz des Staatschefs abgestellt. Die Scharfschützen der Kompanie haben es schwer, denn von den Hunderttausend Menschen, die den Präsidenten umringen, den einen auszumachen, der eventuell einen Sprengsatz zündet oder eine Waffe auf den Präsidenten richtet, erfordert maximale Konzentration. Und schwierig ist es auch für die Legionäre, die zum direkten Schutz ganz nahe neben dem Präsidenten laufen. Hollande, der den maximalen „Medienimpakt" sucht, lehnt es strikt ab, ein gepanzertes Fahrzeug zu benutzen, und so ist die ganze Situation höchst brisant. Nachdem auch dieser Auftrag ausgeführt ist, kehren die Legionäre zurück nach Abidjan in der Elfenbeinküste.

Nach einigen Tagen Ruhe wird das Regiment jedoch zurückbeordert in den Norden Malis. In der unübersichtlichen Bergwelt des Ifoghas-Gebirge (Planet Mars, wie die Legionäre ihn bald schon nannten) und im Massiv des Tigharghar, gefährlich nahe der algerischen Grenze, haben sich 400 à 600 islamistische Terroristen, hauptsächlich AQMI, verschanzt. Eine Ruhepause will Frankreich ihnen nicht gönnen. Die Befehle aus Paris an den kommandierenden General Barrera sind unmissverständlich: Den Feind im Adrar des Ifoghas, zu dem auch das Massiv Tigharghar gehört, angreifen und vernichten! Und schnell soll es gehen!

Das Massiv Tigharghar ist gespickt mit Hunderten von Verstecken. Hier gibt es Waffendepots, Treibstofftanks, versteckte Verteidigungsstellungen und die Terroristen haben Zeit. Und sie glauben fest daran, dass sich die Franzosen niemals in diese Berge verirren würden, denn allein schon das rüde Klima sowie die gebirgige Landschaft sind schreckliche Feinde.

Ende Januar, Anfang Februar bombardiert die französische Luftwaffe Ziele im Ifoghas-Gebirge. Mehrere Infrastrukturen, Grotten, BMP-1-Panzer und in der Eile verlassene Stellungen der AQMI werden nachhaltig zerstört.

Auch die Legionäre kommen wieder zum Einsatz. Am 7. Februar legen sie in Abidjan wieder die Schirme an. Der Auftrag? Ein Gefechtssprung auf die Stadt Tessalit! Im letzten Moment wird die Operation jedoch abgesagt. Die aktionshungrigen Männer der COS, die eng mit der DGSE, dem französischen Auslandsnachrichtendienst zusammenarbeiten, sind schneller, besser gesagt, man hatte sich nicht abgesprochen. Genau gesehen war es ein Alleingang, der so nicht hätte stattfinden dürfen. Tessalit ist ein Wespennest, in dem sich angeblich über 200 schwerbewaffnete Dschihadisten tummeln, doch die Spezialeinheit COS, die das 2. REP um seinen zweiten Einsatzsprung brachte, hatte einen guten Stern.

Operation Panthère

Die endgültige Rückkehr in den Einsatzraum Nord Mali beginnt für die Männer des 2. REP mit einer Kampflandung am 12. Februar in Tessalit. Von dort aus bereitet das Regiment in aller Ruhe, aber sehr sorgfältig die Operation Panthère vor. Vier große Kolonnen brechen am 18. Februar auf, um die Terroristen in den Bergen aufzuspüren und zu vernichten:

Das GTIA 3 unter dem Befehl von Colonel Francois-Marie Gougeon.

Das GTIA TAP (troupes aéroportées), genannt auch GTIA 4. Befehlshaber des mehr als 500 Männer starken GTIA TAP ist der Regimentskommandeur des 2. REP, Colonel Benoît Desmeulles.

Ein Groupe Aérien Mixte (GAM). Die GAM besteht aus Kampfhubschraubern des 5. Kampfhubschrauberregiments. Vorgesehen waren: fünf Puma, drei Gazelle und zwei Tiger. Das GAM steht unter dem Befehl von Colonel Frédéric Gout.

Etwa 800 Soldaten aus dem Tschad

Hinzu kommen neunzehn Tuaregs. Sie sollen die Kampfkolonnen hinauf in die Berge führen und als „Scouts" dienen. 22 Panzer AMX-10-RC unterstützen die Operation am Boden. Im nahen Tessalit wird in Eile eine vorgeschobene Sanitätseinheit (antenne chirurgicale avancée) eingerichtet. Brigadegeneral Bernard Barrera, Oberbefehlshaber der Bodenkräfte, hat dennoch keine Ruhe. Das Adrargebirge ist die Hochburg AQMIs. Die Luftaufklärung hat aber bisher wenig ergeben. Man weiß so gut wie nichts über das tatsächliche Kräfteverhältnis.

Eine Einheit bestehend aus den GCP des 2. REP, Soldaten des 1. RIMA, des 17. RGP und des 35. RAP, alles in allem etwa 150 Mann, öffnet den Marsch mit einer delikaten Aufklärungsmission. Intaghlit liegt auf dem Weg und soll feindbesetzt sein. Intaghlit ist eines der Dörfer im Tibbegatine-Tal. Dort sollen sich angeblich die Dschihadisten der AQMI mit Waffen, Munition und Nahrung versorgen. Eine Handvoll Tuaregs fahren als Späher vorneweg, doch der Feind weicht aus. Der Ort wurde ohne Kampfhandlungen eingenommen, jedoch: Westlich davon, in einem versteckten Tal, stöbern die Fallschirmjäger-Legionäre des GCP ein Logistikzentrum auf. Man findet ganze Fahrzeuge voll mit Mörsergranaten und anderer Munition, tonnenweise Nahrung, Stromaggregate, einen nagelneuen Motor und sehr viel Treibstoff. Und vor kurzem verlassene Kampfstände! Alles

deutete darauf hin, dass der Feind diese Stellungen zehn Minuten vorher noch besetzt gehalten hatte. Im Klartext hieß das, dass AQMI über ein gutes Alarmsystem verfügt.

Und noch etwas wird schnell klar: Wie der Vietminh oder der Taliban tragen die Kämpfer der AQMI ihre Waffen nur während des Einsatzes. Bewegen sie sich jedoch im Gelände von A nach B, werden diese vorher versteckt. Sie haben Angst davor, an ihren Waffen als Feind erkannt zu werden. Ohne Waffen sind sie einfach nur harmlose Wüstenbewohner!

Noch am Nachmittag wird der Ort Tabankort eingenommen. Dort wird das nächtliche, taktische Biwak errichtet.

Das Versteckspiel ist zu Ende

Am nächsten Tag, es ist der 19. Februar, teilt sich das Kontingent in zwei verschiedene Einheiten. Während zwei starke Züge mit Marineinfanteriesoldaten in Richtung d'Abancko aufklären, dringt die zweite Gruppe, zu der auch Teile des 2. REP gehören, weiter ins immer unübersichtlicher werdende Gebirge vor. In einem von Felsen, Steinhalden und Mauerbergen dominierten Geländeabschnitt, genannt „Garage", riecht es förmlich nach Hinterhalt. Der Ort gleicht einem Trichter, an dessen Ende es nur einen Ausgang gibt: nach Osten! Die Tuareg sind plötzlich auf der Hut, aber auch bei den französischen Afghanistan-„Veteranen" kommen plötzlich Bilder hoch. Sie denken an den Hinterhalt im Ouzbin-Tal im Jahr 2008. Damals kamen elf französische Fallschirmjäger, darunter ein Fremdenlegionär, in einem Hinterhalt ums Leben. Und tatsächlich: Gegen 09h00 morgens wird die Kolonne unter Feuer genommen. Sofort springen die Männer des GCP des 2. REP von den Fahrzeugen und erwidern das Feuer. Sie agieren aus einem Reflex heraus, denn noch ist nicht klar, von wo genau der starke Feindbeschuss eigentlich kommt.

Die zwei Hügel! Beide etwa vierzig Meter hoch!

Gut 300 Dschihadisten haben sich auf diesen Hügeln in einer Entfernung von 250 Metern eingenistet. Die Legionäre erhalten den Auftrag, den rechten Hügel zu stürmen, was ihnen trotz heftiger Gegenwehr auch gelingt. Der Hang dahinter jedoch und dessen hügelige Felsformationen dienen als Aufmarschgebiet der AQMI-Kämpfer. Drei Kampfpanzer AMX-10-RC, die den Legionären als Unterstützung geschickt werden, feuern aus allen Rohren. Ohne Unterlass treffen die 105-mm-Granaten den Feind, der dennoch nach Gutdünken manövriert, sich kaum versteckt. Später stellt sich heraus, dass man es mit Kämpfern zu tun hatte, die unter Drogen standen, manche von ihnen kaum zwanzig Jahre alt.

Trotz des wiederholten Einsatzes der Luftwaffe, die bunkerbrechende Bomben einsetzt, und trotz direkter Feuerunterstützung von drei Mirage-2000D-Kampfjets und der AMX-Panzer geben die Terroristen keinen Zentimeter Gelände preis.

Spezialeinheiten der französischen Armee und Paras Legion kämpfen Seite an Seite. Als die Spezialisten des GCP des 2. REP schließlich zum Angriff übergehen, fällt einer ihrer besten Männer. Der *sergent-chef* (Feldwebel) Vormezeele stirbt unmittelbar an den Folgen seiner Verletzung. Eine Kugel prallt seitlich an seiner Schutzweste ab, fährt in seinen Kopf und tötet ihn fast auf der Stelle. Er war sehr nahe an den AQMI-Kämpfern dran, zu nahe, musste seinen Mut mit seinem Leben bezahlen. Das Problem? Vormezeele kann nicht ohne Risiko geborgen werden, da der Feind den gesamten Geländeabschnitt mit Feuer belegt. Erst ein AMX-Panzer holt in einem gewagten Manöver den Leichnam, bringt ihn von diesem verdammten Hügel herunter.

Frankreich hat somit sein zweites Opfer zu beklagen.

Die Kämpfe nehmen im ganzen Abschnitt zu, verebben auch nicht, als Kampfhubschrauber Tiger, Kampfflugzeuge Rafale und weitere Mirage 2000D in das Kampfgeschehen eingreifen. Das Gefecht dauert insgesamt fünf Stunden. Zwanzig radikale Islamisten bleiben auf der Strecke.

Spät am Nachmittag ziehen sich die französischen Soldaten nach Tessalit zurück. Wie eine an den Pfoten verletzte Katze müssen sie sich die Wunden lecken. Lediglich die gepanzerten

Einheiten bleiben vor Ort. Sie bleiben sechs Tage, halten die Stellung, wachen und harren der Dinge, die noch kommen mögen.

In den französischen Stäben herrscht derweil Trauer, aber auch etwas Euphorie. Trauer, weil ein guter Soldat das Leben verlor; Euphorie, weil man endlich den Feind ausfindig gemacht hatte. Das Versteckspiel ist zu Ende.

Auch in Calvi, im Camp Raffalli trauert man. Ja, es scheint, als ob sich die ganze Balagne in Schwarz gekleidet hat. Einmal durch das Tor des legendären Camps hindurch, stößt man direkt auf den Fahnenmast, der auch den Beginn des *place d'armes* des Regiments markiert. Am Ende dieses Platzes thront das „Monument aux morts des parachutistes", das Mahnmal der Toten der Fallschirmjäger der Fremdenlegion, mit der Aufschrift *More Majorum*. Man hatte es einst aus Sétif herbeigeschafft. Die zurückgebliebenen Legionäre grüßen es im Vorbeigehen. Am Eingang des Camps, sofort links, dort wo auch die Skulptur des Saint Michel eisern wacht, steht seit 2011 ein Mémorial. Alle Namen der gefallenen Fallschirmjäger der BEP und der REP sind in goldenen Buchstaben in Marmor graviert. Der Name Vormezeele würde von nun an die Namensinschriften erweitern.

Am 22. Februar greifen die Soldaten des Tschad den Feind im selben Abschnitt an. Die blutigen Kämpfe sind insofern von Erfolg gekrönt, als dass sich die islamistischen Fanatiker in Grotten zurückziehen, wo sie, einer nach dem anderen, von den *Tschads* „neutralisiert" werden. 96 Terroristen und mindestens 26 Soldaten aus dem Tschad verlieren an diesem Tag ihr Leben. Die Verletzten werden noch vor Ort versorgt, nach hinten gebracht und schließlich nach Tessalit ausgeflogen. Das Bergen der Verletzten und der Toten dauert ganze zwei Tage. Während im Nachhinein die Verluste auf Seiten der Soldaten aus dem Tschad gewollt minimiert wurden, um im Land selbst nicht allzu stark in die

Kritik zu geraten, so schien es, als dass die Zahl der getöteten Terroristen eventuell als leicht übertrieben dargestellt wurde. Des Weiteren sollen die Dschihadisten angeblich 23 Soldaten aus dem Tschad gefangen genommen und sie dann hingerichtet haben.

Anm. d. Verf.: Ich war 1991 im Tschad (Operation Épervier) und 1997 in der Republik Zentralafrika (Operation Almandin). Beide Male sah ich die Soldaten aus dem Tschad im Einsatz. Für mich sind es die besten afrikanischen Soldaten, die es gibt. Sie sind angstfrei, loyal, mutig, zäh und intelligent.

Das nächste Ziel sind die Stellungen des Feinds im Ametettai-Tal. Eines wird schnell klar. Man ist definitiv auf die Hochburg der AQMI gestoßen, deshalb dieses Festkrallen.

Kurz vor Ende Februar stoßen die Legionäre der 3. Kompanie, les Noires, zu ihren Kameraden in Mali. Es ist eine im Kampf erprobte Einheit. Der *capitaine* (Kompaniechef) der Noires hatte einst das GCP unter seiner Befehlsgewalt und, wie viele seiner Legionäre, einiges an Afghanistanerfahrung im Gepäck. Das Wiedersehen ist herzlich und der Auftrag geht weiter. In der Nacht vom 25. auf den 26. Februar bereitet sich das GTIA TAP mit dem 2. REP und im Rahmen der Operation Panthère erneut auf einen Einsatz vor. Man hört so einiges munkeln. Angeblich steht ein Großangriff auf die Dschihadisten unmittelbar bevor.

Von Westen kommend überschreiten die französischen Soldaten und die Legionäre des 2. REP ihre Ausgangsstellungen. 800 verbündete Soldaten aus dem Tschad rücken zeitgleich im Osten vor. Eine Stunde nach dem Angriff die Ernüchterung: Man hat kaum Boden gewonnen, schlimmer noch. Ein Dutzend Soldaten aus dem Tschad sterben im Kugelhagel der islamistischen Banditen, sechzig werden verwundet, einige vermisst.

Spezialeinheiten der französischen Armee und Fallschirmjäger der Legion führen daraufhin ein überaus gewagtes Manöver durch. Sie greifen vom Norden kommend an, von dort also, wo niemand es für möglich hält, weil steile Klippen ein Vorwärtskommen unmöglich machen. Mit weit über vierzig Kilo Gepäck auf dem Rücken (Hauptsächlich Wasser und Munition), die 81-mm-LLR-Mörser zurücklassend, dafür zwei M2-HB Browning Kaliber 12,7 mm schleppend, überwinden die Männer das Hindernis dennoch. Der Fußmarsch unter der gnadenlosen Sonne Afrikas (an manchen Tagen war es bis zu fünfzig Grad heiß, die Durchschnittstemperatur betrug vierzig Grad) dauert fünf Tage. Während des gesamten Marsches im Feindesland, und fast bei allen Kämpfen, werden die Legionäre von der Luftwaffe, von Kampfhubschraubern und von 155-mm-Artillerie (Caesar) unterstützt.

„Niemals ...“, so sagten die Kämpfer AQMI! Niemals kann ein Soldat diese natürliche Hürde überwinden. Sie täuschten sich. Und sie zahlten den Preis dafür! Abou Zaïd, Führer der AQMI, und viele andere starben in diesen entscheidenden Tagen.

Gibt es Pausen, dann verpflegen sich die Legionäre. Aus Erfahrung wissen sie, dass es, sobald der erste Schuss fällt, keine Ruhepausen mehr geben würde. Immerhin stand die Entscheidungsschlacht bevor. Bei den zu erwarteten Kämpfen – und auch das wissen die Legionäre – rechnete man mit Toten und Verletzten in den eigenen Reihen. Das hatte nicht zuletzt auch General Barrera vor Beginn der Operation gesagt. Unnötigerweise, denn es ist in jedem Einsatz so. Das Risiko ist permanent, und das ist gut so. Legionär sein und ein sicheres Leben führen? Das passt nicht. Nicht heute und auch nicht in fünfzig Jahren!

Die AQMI, mit dem Rücken zur Wand, kämpften ihren wohl letzten Kampf. Und genau das macht sie so gefährlich. Wie „magere Katzen“ huschen die Legionäre durch die sandfarbene

Steinwüste. Was sie sehen, beunruhigt sie. Der Feind verfügt stets über zahlreiche Ausweichstellungen, über Bunker aus Stein. AQMI verfügt auch über das gefürchtete MG des Kalibers 14,5 mm. Aber dennoch: Jede Grotte, jede Höhle, jedes Schlupfloch wird von den Legionären durchsucht. Sie suchen so lange, bis dem Feind nur der verzweifelte Kampf bleibt. Es ist ein Guerillaeinsatz nach Maß, in dem die Legionäre Meister sind. Die Stellungen des Feindes werden eine nach der anderen eingenommen: Mit Handgranaten, im Nahkampf, Auge in Auge. Jeder Schuss, den die Legionäre abgeben, wird gedoppelt. Um sicherzustellen, dass die Opfer sich nicht wieder erheben, um den über die Stellungen hinwegfegenden Legionären in den Rücken zu fallen, zielen die Legionäre auf den Kopf der islamistischen Terroristen.

Dass diese Vorgehensweise in einigen Büros in Frankreich oder anderswo nach Skandal schreit, soll ihnen egal sein. Es sind schließlich nicht die Bürokraten, die hier draußen ihr Leben riskieren, und auch nicht die Männer und Frauen der überall wie Champignons aus frischer, warmer Regenerde sprießenden Menschenrechtsorganisationen. Die Freiheit und die Integrität Malis und auch die Europas zu verteidigen, hat seinen Preis. Die Legionäre haben einen Auftrag. Und den führen sie aus, koste es, was es wolle, Punkt! *La mission est sacrée, tu l'exécutes jusqu'au bout* ... steht in ihrem Ehrenkodex. Sie wissen um den hohen Stellenwert des ausgeführten Auftrages.

Übrigens: Dass sie richtig gehandelt haben, erfährt man später. Bei der Durchsuchung der Opfer stoßen die Legionäre gleich auf mehrere völlig intakte Sprengstoffgürtel. Gnade geben die Legionäre nicht, Gnade erwarten sie auch nicht! Und dennoch werden Gefangene gemacht: eine Premiere seit dem Beginn der Operation SERVAL! Die Legionäre handeln dabei stets nach ihrem Ehrenkodex. Wenn sich ein Feind ergibt, so steht es im

Kodex, wird er als Gefangener respektiert. Man bringt ihn nach hinten, kümmert sich um seine Wunden, gibt ihm Essen und stillt seinen Durst. Repressalien oder Vergeltung in irgendeiner Art gibt es nicht.

Am 28. Februar bereitet sich die 2. Kompanie (2. REP) vor, eine Höhe zu erobern, auf der fast dreißig Dschihadisten aus gut ausgebauten Stellungen verteidigen. Unterstützt von Artillerie und gedeckt von einem Zug Legionäre, übernimmt der Kompanieführer selbst die Führung. Kurz vor 13h00 gibt es den ersten Kontakt. Auch hier kommt es zu harten Kämpfen, auch Mann gegen Mann, auf eine Entfernung von manchmal unter fünf Metern. Und auch hier greifen Kampfhubschrauber Tiger in das Kampfgeschehen ein, insofern die Lage es erlaubt.

Ein Legionär der 2. Kompanie erhält eine Kugel in den Helm, kommt aber mit einer gebrochenen Nase davon. Sonst gab es keine Verluste. Doch! Fünf AQMI-Terroristen bleiben auf der Strecke!

Am 2. März greift die 3. Kompanie des 2. REP eine Stellung auf einem Hügel an. Das Schema ist dasselbe. Während ein Zug das Vorgehen mit Feuer deckt, greifen die Gruppen des anderen an. Feuer und Bewegung! Das ist die alte Schule, das ist das A und das O der Fallschirmjäger. Doch der Feind ist solide, hat Waffen und Munition sowie Wasser und Rationen im Überfluss. Er gibt keinen Meter Boden preis. Vom Nachbartal her hört man heftige Feuergefechte. Auch die 2. Kompanie ist wieder in Kämpfe verstrickt.

Les Rouges finden sich plötzlich auf kurze Distanz einer Gruppe AQMI gegenüber. Nach einem Moment der Verwirrung wird das Feuer von beiden Seiten gleichzeitig eröffnet. Die Distanz? Unter zehn Meter! Unter den Legionären gab es keine Opfer, aber sie benötigten etwas Zeit, um diese brutalen Kämpfe zu verdauen. Ihre Gesichter sind von der Anstrengung der letzten Tage und von den ständigen Kämpfen gezeichnet. Hinterher waren sich alle einig: Es waren die härtesten Kämpfe seit Beginn der Operation Serval! Bei Weitem härter noch als die Kämpfe in Afghanistan, sagen die, die dabei waren. Was die Paras nicht schaffen in diesen Tagen, das übernehmen die Tiger-Kampfhubschrauber.

Während des Vormarsches stößt die Nachbareinheit, das 1. RCP, auf Feindkräfte, die sich in einer Felswand umgeben von einigen Grotten verschanzt haben. Die Franzosen greifen noch aus der Bewegung heraus an. Ein *caporal-chef* (Obergefreiter) des 1. RCP fällt. Die fortgesetzten Angriffe der Tiger und der Luftwaffe bringen kaum Erfolg. In die Grotten geworfene Handgranaten verpuffen, ohne dass das Gegenfeuer an Intensität verliert.

Um die Terroristen zu neutralisieren, müssen die Franzosen in die Grotten eindringen. Der Befehl jedoch lautet, diese zu umgehen. Sollen sich doch die Legionäre des GCP die Zähne an diesem unverdrossenen Feind ausbeißen. Befohlen, getan! Wie Schatten infiltrieren die Männer des GCP die Grotten. Es kommt zu heftigen Explosionen, man hört ein hitziges Feuergefecht und kurz darauf nur noch ein paar einzelne Schüsse. Schon bald dringt die Nachricht nach außen: Feind vernichtet!

Die Kämpfe im Amettetaï-Tal dauern bis zum 12. März. Gegen Ende des Monats kehren die Legionäre nach Tessalit zurück. Es folgt die Operation Tiger. In Tassalit soll jedes Haus und jeder Stein umgekrempelt werden, um nach Überlebenden der Terrorgruppen zu suchen. Kurz darauf wird das GTIA TAP und somit die Männer des 2. REP zurück nach Abidjan in der Elfenbeinküste verlegt: **Auftrag ausgeführt!**

Im August 2014 beginnt die Operation BARKHANE. Es handelt sich um die Folgemission der Operation SERVAL. Es ist fast schon unnötig, zu erwähnen, dass auch bei Barkhane die Paras des 2. REP eine große Rolle spielen. Doch das ist eine andere Geschichte.

Epilog

Bei dem Gefechtssprung, der zur Einnahme Timbuktus führte, hat das 2. REP – angefangen vom einfachen Legionär bis hin zum Regimentskommandeur – bewiesen, dass es den technisch immer schwieriger werdenden Einsatz der dritten Dimension vorbildlich meistert. Obwohl Artillerie, Mörser, Pioniere, Luftwaffe, ja sogar Panzer im Einsatz waren, so waren es doch die Infanterie und hauptsächlich die Legionäre des 2. REP, die in der Schlacht von Amettetaï den Unterschied ausmachten. Die Feuerdisziplin war gut; die hauptsächlich jungen Legionäre haben Mut und Entschlossenheit bewiesen und das renommierte Regiment laut seiner Devise *More Majorum* (nach der Art unserer Vorgänger) vertreten. Der Erfolg war Frucht einer vorbildlichen Ausbildung. Feuer und Schockwirkung, nonstop. Wie eine Dampfwalze gingen sie im Adrargebirge an den Feind.

„Les Légionnaires du REP ont agi comme un rouleau compresseur!“ (Benoît Desmeulles)

Körperliches Topniveau, eine peinlich genaue Ausführung der Befehle und der Verzicht auf jeglichen Komfort steuerten das ihre dazu bei. Nun könnte man meinen, dass man sich auf einen solchen Einsatz vorbereitet. Das ist richtig, aber doch nicht ganz korrekt! Die Legionäre haben nicht diesen Einsatz vorbereitet. Vielmehr steckt es in der Kultur der Fallschirmjäger der Legion, sich ständig auszubilden, jeden Tag, wochen- und monatelang: jahrelang! Das fängt beim Frühstück an und hört mit dem Appell um 22h00 nicht auf. Ich spreche von der eisernen Disziplin. Ich spreche von der Kameradschaft und vom Zusammengehörigkeitsgefühl. Ich spreche vom Ésprit Légion! Von der wirklichen, ständig vorangetrieben knochenharten Ausbildung ganz zu schweigen.

Und schließlich folgt der Legionär einem Ehrencodex. Ich könnte mir vorstellen, dass sich der kommandierende General der Operation SERVAL, Barrera, am Ende der Einsätze beglückwünschte, dass die Legion daran teilgenommen hat. Sicherlich dachte er leise und heimlich bei sich: *„La Légion est à Tombouctou, l'affaire est dans le sac!"* Die Legion ist in Timbuktu, die Sache ist so gut wie erledigt! (Originalworte von Maréchal de Mac Mahon im Jahr 1859 bei der Schlacht von Magenta: *La Légion est à Magenta, l'affaire est dans le sac.)*

Mit *sergent-chef* Harold Vormezeele verloren die Fallschirmjäger der Legion wohl einen ihrer besten Männer. Er starb, wie die Amerikaner oder Briten sagen würden, „killed in action", also mit der Waffe in der Hand (ich berichtete über ihn in „Guyana: Faszination Fremdenlegion").

Timbuktu war der erste Gefechtssprung der französischen Armee seit nun nahezu 36 Jahren. Damals, 1978, sprang die Fremdenlegion (das 2. REP mit knapp 750 Mann) in Kolwesi, Zaire, ab. Sie befreiten einige Tausend Geiseln aus der Hand blutrünstiger Katanga-Söldner. Es gab zwar im März 2007 einen nicht sehr mediatisierten, anfangs geheim gehaltenen Einsatzsprung an der Grenze der Zentralafrikanischen Republik zum Sudan ganz oben in einem winzigen Grenzort mit Namen Birao, doch wie schon erwähnt: bleiben wir diskret.

Frankreich hat, ob in Kolwesi, in Birao oder wie nun in Timbuktu, auf eindrucksvolle Weise Muskeln gezeigt, und wenn wir die Bedrohungslage – ob für Frankreich, Europa oder die ganze Welt – kritisch analysieren, können wir davon ausgehen, dass kein Ende in Sicht ist. Die Männer des 2. REP wissen das. Sie warten, bis es wieder heißt: „Aufstehen, einhaken, überprüfen, vorrücken, fertig zum Sprung – *go!*“

An der Operation SERVAL beteiligte Kräfte

ROT (Feindkräfte)

AQMI – Al-Qaida im Maghreb und „die mit Blut unterzeichnen“: Hauptsächlich sind es Algerier. Unterstützt werden sie von einigen Kämpfern aus Mali. Sie teilen sich in verschiedene Kampfgruppen auf. Ihre Führer sind Abou Zaïd und Mokhtar Belmokhtar, der einäugige Scheich der Sahara. Während die Kampfgruppe Abou Zaïd sehr „geradlinige“ Ziele verfolgt, so besteht Mokhtar Belmokhtars Gruppe („die mit Blut unterzeichnen“) aus Kriminellen und Drogenhändlern jeglicher Art.

Anm. d. Verf.: Am 16. Januar 2013 greifen etwa 40 Männer des islamistischen Terrorkommandos „die mit Blut unterzeichnen“ die Gasanlage Tiguentourine bei Amenas in Algerien an. 132 expatriés aus neun Ländern und nahezu 700 Einheimische arbeiten normalerweise an dem Projekt der Energieunternehmen BP-Sonatrach, Statoil und CEPSA. Der Auftraggeber des Terroranschlages? Mokhtar Belmokhtar! Kurz zuvor hatte er Frankreich vor einer Intervention in Mali gewarnt. Bei dem Sturm algerischer Spezialtruppen kommen 33 Geiseln ums Leben.

Die USA hatten bereits mehrere Male die Möglichkeit, Belmokhtar „auszuschalten“. Doch in den US-Stäben in Afrika sowie im Weißen Haus fand man, dass dies keine Priorität hatte und es ja eigentlich nicht die Angelegenheit der Amerikaner sei.

AQAP war für die USA immer wichtiger als AQMI oder gar Ansar Dine. Vom puren radikalen Dschihadismus bis hin zum Narko-Dschihadismus, wie er in Afghanistan rodet, sind im Norden Malis alle Formen extremistischer Strömungen vertreten.

MUJAO – Mouvement pour l'unicité et le jihad en Afrique de l'Ouest: In den Reihen der MUJAO dienen radikale und sehr gewalttätige Araber aus der nordöstlichen Region Malis. Viele kommen aus Timbuktu. Die MUJAO hat sich mit AQMI überworfen und ist eine Splittergruppe. Die Stadt Gao ist zu Beginn der Kämpfe fest in ihrer Hand.

ANSAR DINE: Hier handelt es sich um Tuaregs. Ansar Dine wird von Iyad Ag Ghaly angeführt. Ursprünglich war Ansar Dine sehr deutlich in seinen ideologischen Zielen: die Einführung der Scharia! Doch nach und nach gesellten sich Kämpfer hinzu, deren Motivation andere Schwerpunkte hatte.
Diese drei Gruppen zusammen bildeten mit anderen Söldnern eine etwa 5.000 Mann starke Einheit, die es zu besiegen galt, doch so einfach war es nicht. Zu den Kämpfern der MUJAO gesellten sich etwa 300 Männer von Boko Haram (nie offiziell bestätigt) und 200 Männer der Front Polisario.

GRÜN (Freund – Eigene Kräfte)

Französische Armee: Auf dem Höhepunkt der Kämpfe etwa 4.000 Soldaten aus Heer (+ Gendarmerie), Luftwaffe und Marine.

Malische Armee: Der Theorie nach etwa 12.000 Soldaten. In der afrikanischen Realität heißt das, dass nur etwa zwei Drittel davon wirklich einsatzbereit waren. Das Verhalten im Kampf war gut.

MISMA – Mission internationale de soutien au Mali sous conduite africaine (später MINUSMA): Sie unterstützt die malische Armee.

Ende Januar 2013 schwoll ihre Stärke von 3.300 auf 5.700 an, um sich auf dem Höhepunkt der Kämpfe auf etwa 8.000 zu stabilisieren. In den Reihen der MISMA dienen Soldaten aus: Tschad, Nigeria, Senegal, Niger, Burkina Faso, Togo, Benin, Guinea, Sierra Leone, Liberia, Ghana, Gambia, Cap Verde, Guinea-Bissau. Was die Logistik anbelangte, so wurde die Operation SERVAL von zahlreichen Ländern, darunter auch von Russland und von Deutschland, unterstützt. Vielleicht sollte hier betont werden, dass die USA im Januar 2013 gegen eine Summe von zwanzig Million US-Dollar bereit war, dreißig Logistikflüge durchzuführen, um französisches Kriegsmaterial und französische Soldaten in das Kriegsgebiet zu bringen. Aufgrund der Protestwelle, die dieses (Profit-)Verhalten auslöste, sahen die USA von einer Bezahlung ihrer Dienste schließlich großzügigerweise ab.

BLAU (Neutrale Kräfte)

MNLA – Nationale Befreiungsbewegung von Azawad: Es sind hauptsächlich Tuareg-Rebellen, ein Nomadenvolk, das nach Unabhängigkeit strebt. Die MNLA hat einseitig die Unabhängigkeit der Gebiete Gao, Kidal und Timbuktu erklärt und will nie mehr zentral vom Süden des Landes regiert werden. Lange Zeit, eigentlich von Beginn der Operation SERVAL bis zur Einnahme Timbuktus durch die Fallschirmjäger der Legion, bleibt unklar, wie die MNLA zu behandeln ist: als Freund oder als Feind! Letztendlich sind sie kein wirklicher Gegner, denn als Frankreich sich imposant in den Konflikt im Norden einschaltet, und spätestens nach der Eroberung von Gao und Kidal, verhalten sie sich mehr oder weniger neutral. Vor vollendete Tatsachen gestellt bot die MNLA Frankreich schließlich ihre Dienste im Kampf gegen die Dschihadisten an.

Nachtrag Harold Vormezeele

„Légionnaires, vous êtes soldats pour mourir. Je vous envoie là où l'on meurt!"

Legionäre, ihr seid Soldaten geworden, um zu sterben. Ich schicke euch dorthin, wo man stirbt! (Général de Négrier)

Geboren in Belgien am 24. Juli 1979, engagiert Harold Vormezeele Anfang 1999 im Alter von neunzehn Jahren in der Fremdenlegion. Er wird zu den Fallschirmjägern der Legion nach

Calvi ins 2. REP versetzt, galt dort als zuverlässig, kompetent und vor allem als sehr effizient. Es folgt Beförderung zum *caporal*, die Versetzung in die Kommandoeinheit GCP, in deren Reihen er den Dienstgrad *sergent* und im Juli 2010 den eines *sergent-chef* erreicht. Posthum wurde er Adjudant. Adjudant Vormezeele diente in Bosnien-Herzegowina 2000, in Gabun 2001, in Djibouti 2001 und 2011, in Neukaledonien 2003, in der Elfenbeinküste 2006, in der Zentralafrikanischen Republik 2007 und mehrmals in Afghanistan 2008, 2010 und 2011. Er nahm am Einsatzsprung über Timbuktu teil, wo ihn im Rahmen einer offensiven Aufklärung gegen Mittag des 19. Februar die tödliche Kugel traf.

Marcel Kalfut – Dejvid Nikolic

Am 8. Mai 2014 fand ein weiterer Legionär, der *sergent* (Unteroffizier) Marcel Kalfut, in Mali ganz in der Nähe des Ifoghas-Gebirges den Tod. Er wurde Opfer eines IEDs. Nur einige Monate später, am französischen Nationalfeiertag kam *adjudant-chef* (Hauptfeldwebel) Dejvid Nikolic vom 1. REG ums Leben. Frankreichs fremde Söhne, wenn sie schon sterben, dann hoffen sie, mit ihrem Tod der Legion etwas von dem Vertrauen und von der Hoffnung zurückzuzahlen. Dinge also, die die Legion ihnen einst ohne zu zögern anbot, als sie in Not waren. Sie erhielten eine zweite Chance! Merci, Legion!

Nachwort

Abschließend möchte ich zwei Dinge festhalten. Die Finalität der Fremdenlegion allgemein und die der Fallschirmjäger der Legion im Besonderen ist der scharfe Einsatz, das Handwerk des Krieges! Frankreichs Politiker haben in der Vergangenheit bereits das ein oder andere Mal mit dem Gedanken gespielt, die Legion abzuschaffen, doch welche Nation wäre so verrückt, auf eine Einheit zu verzichten, die für einen Platz zehn oder mehr Kandidaten zur Verfügung hätte? Kandidaten noch dazu, die Frankreich und der Legion absolut treu ergeben sind, weil man sie aufnimmt, ihnen eine zweite Chance bietet, teils egal ihrer Vergangenheit. Legio Patria Nostra. Und die Legion ist von einer Siegermentalität geprägt (... eine Armee, die nicht siegt, taugt zu nichts!) und generell verlässt sie das Gefechtsfeld auch als Sieger.

Aber, und ich komme zum zweiten Punkt, es ist durchaus so, dass die Fremdenlegion ganz gezielt dafür herangezogen wird, humanitäre Aufgaben und Aufträge zu übernehmen. Kolwesi war beides, ein Kampfauftrag, der Menschenleben retten sollte. Sarajevo 1992 hatte ebenfalls diese beiden Komponenten: Um Frauen und Kindern und nicht zuletzt Mitgliedern verschiedener Organisationen wie der UN oder auch NGOs (Nichtregierungsorganisation) das Leben zu retten, musste hart durchgegriffen werden. Im Kongo-Brazzaville retteten wir Tausende Zivilisten vor dem sicheren Tod. Effizienz auch in einem humanitären Auftrag, Schockwirkung und Seidenhandschuhe ... das sind die zwei Gesichter der Paras der Fremdenlegion.

Anhang 1

Abkürzungen

1. REC – Régiment étranger de cavalerie / Panzereinheit der Legion

1. REG – Régiment étranger de génie / Pioniereinheit der Legion

1. RHP – Régiment de hussards parachutistes / Panzereinheit der fr. Armee

1. RTP – Régiment du train parachutiste / Luftverlade- Transporteinheit der frz. Armee

2. BEP – Bataillon étranger de Parachutistes / Fallschirmjäger der Legion 1948 – 1955

2. REP – Régiment étranger de parachutistes / Erbe des 2. B.E.P

3. RPIMA – Régiment de parachutistes d'infanterie de marine / Fallschirmjäger der Marineinfanterie

8. RPIMA – Régiment de parachutistes d'infanterie de marine / Fallschirmjäger der Marineinfanterie

13. DBLE – Demi-brigade de Légion étrangère / Halbbrigade der Legion

13. RDP – Régiment de dragons parachutistes / frz. Fernspäh-Luftlandeverband

17. RGP – Régiment du génie parachutiste / Fallschirmjäger-Pioniereinheit der frz. Armee

21. RIMA – Régiment d'infanterie de marine / Marineinfanterie der frz. Armee

35. RAP – Régiment d'artillerie parachutiste / frz. Fallschirmjäger Artillerie

AQAP – Al-Qaida auf der arabischen Halbinsel

AQMI – Al-Qaida im Maghreb

CAESAR – Camion équipé d'un système d'artillerie / frz. Artillerie 155 mm

CAS – Compagnie d'administration et de soutien / Administrations-Versorgungskompanie

CEA – Compagnie d'éclairage et d'appui / Schwere Kompanie

CCL – Compagnie de commandement et de logistique / Stabskompanie

COS – Commandement des opérations spéciales / frz. Spezialeinheit verschiedener Regimenter

CPA 10 – Commando parachutiste de l'air no 10 / Kommandoeinheit der frz. Luftwaffe

CMR – Compagnie de maintenance régimentaire

DGSE – Direction Générale de la Sécurité Extérieure / frz. Auslands-Geheimdienst

ENSOA – École nationale des sous-officiers d'active / frz. Unteroffiziersschule

GTIA – Groupement tactique interarmes / Einsatzverband

GCP – Groupement des commandos parachutistes / früher CRAP Spezialeinheit des 2. REP

IED – Improvised explosive device / Sprengfalle

OAP – Opération aéroportée / Fallschirmsprung

RCP – Régiment de chasseurs parachutistes / Fallschirmjäger der frz. Armee

SGTIA – ein zweites, untergeordnetes GTIA

VBL – Véhicule blindé léger / frz. leicht gepanzertes Aufklärungs-Kfz

VAB – Véhicule de l'avant Blindé / frz. Truppentransporter

Anhang 2

Quellennachweis

Opération Serval: Notes de guerre, Mali 2013 – General Bernard Barrera
La guerre de la France au Mali – Jean-Christophe Notin
Képi Blanc Magazine –752
REPINFO – Februar / März / April 2013
Opération SERVAL – Interview mit General Barrera.
Fondation pour la Recherche Stratégique / 16-13.
http://fna.artillerie.asso.fr/index.php/dossier-special-mali-operation-serval/.

Bilder

Alle Bilder stammen von: 2. Régiment étranger de parachutistes

Ein weiteres Survival-Buch von Thomas Gast

Krisen, Kriege und Blackouts – wir leben derzeit in turbulenten Zeiten. Der Ex-Fremdenlegionär und einer der bekanntesten Survival-Experten Deutschlands weiß genau, worauf es in Situationen wie diesen ankommt. Er selbst durchlebte schon viele Notsituationen in Krisenregionen rund um den Globus. Sein Fachwissen kann überlebensnotwendig sein. Seine Bücher zum Thema Survival erfreuten und halfen bereits Tausenden von Lesern und auf YouTube begeistert Thomas Gast Zehntausende Zuschauer mit seinen Videos. Deshalb sollten Sie sich für dieses Buch entscheiden:

- Perfekte Blackout-Vorbereitung
- Prepping Guide: Wie Sie für jede Situation gewappnet sind
- Praxisnah: Alle Tipps und Ratschläge lassen sich mit einfachen Hausmitteln perfekt in der Praxis anwenden.

Das Buch finden Sie unter folgendem QR-Code und überall sonst, wo es Bücher gibt:

(https://www.amazon.de/dp/3969673046)

Ein weiteres Survival-Buch von Thomas Gast

In diesem Werk teilt Thomas Gast seine unbezahlbare Expertise aus 17 Jahren in der Fremdenlegion und versorgt sie mit umfassenden Informationen sowie bewährten Methoden und Techniken, sodass Sie wirklich in jeder Survival-Situation bestens vorbereitet sind. Überlassen Sie also nichts dem Zufalls und werden auch Sie zum Survival-Experten!

Dieses Buch enthält unter anderem:

- Die wichtigsten Grundlagen und Informationen für den Survival-Notfall
- Ausführliche Schritt-für-Schritt-Anleitungen praxiserprobter Überlebensmethoden und -techniken
- Die umfangreiche Expertise des renommierten Survival-Experten Thomas Gast
- Die erforderlichen Kenntnisse und Fähigkeiten, über die jeder Mensch in einer solch turbulenten Zeit verfügen sollte
- Zahlreiche weitere hilfreiche Tipps, Tricks und wertvolles Hintergrundwissen für den Ernstfall

Ein weiteres Buch von Thomas Gast

„Kongo Fieber – Legion Etrangere. Ein Einsatzbericht von Thomas Gast" gleicht einer atemberaubenden Reise in die dunkelsten Ecken der Geschichte. Mit unverblümter Offenheit schildert Thomas Gast seine hautnahen Erfahrungen als ehemaliger Elite-Fallschirmjäger. Dieser packende Bericht basiert auf wahren Begebenheiten und gewährt einen schonungslosen Blick hinter die Kulissen eines lebensgefährlichen Einsatzes.

Erleben Sie hautnah die Schrecken des Krieges aus der Sicht eines Soldaten im Jahr 1978, als der Kongo von der Shaba-Invasion erschüttert wurde. Inmitten des Guerillakrieges im Süden der heutigen Demokratischen Republik Kongo stehen die Interessen des Westens und der Ostblock-Staaten in Zentralafrika auf dem Spiel. Inmitten dieses geopolitischen Konflikts finden wir uns an der Seite unseres Protagonisten wieder, der in einem Strudel aus Gefahr und Unsicherheit gefangen ist.

Das Buch finden Sie unter folgendem QR-Code und überall sonst, wo es Bücher gibt:

(https://www.amazon.de/dp/3969673429)

Ein weiteres Survival-Buch von Thomas Gast

Entdecken Sie die wegweisenden Prinzipien der mentalen Stärke. Tauchen Sie ein in eine Welt der inneren Resilienz und erfahren Sie, wie Sie Hindernisse überwinden und Ihre Willenskraft stärken können.

In diesem praxisorientierten Ratgeber begleitet Sie der erfahrene Autor Thomas Gast auf einer Reise zur mentalen Klarheit und Charakterentwicklung. Mit umfassendem Fachwissen und fundierter Unterstützung zeigt er Ihnen, wie Sie Herausforderungen meistern, Ängste bewältigen und Ihre innere Stärke zum Vorschein bringen.

Lernen Sie bewährte Methoden und Strategien kennen, um Ihre Disziplin zu festigen und eine robuste Willenskraft aufzubauen. Schritt für Schritt werden Sie lernen, wie Sie Ihre Ängste überwinden und einen starken Charakter entwickeln.

Das Buch finden Sie unter folgendem QR-Code und überall sonst, wo es Bücher gibt:

(https://www.amazon.de/dp/3969673372)

Liebe Leserin, lieber Leser,

hat Ihnen dieses Buch gefallen?
Ihr Feedback, Ihre Anregungen und Ihre Kritik bedeuten uns viel, denn sie helfen uns, unsere Bücher kontinuierlich zu verbessern.

Die Meinung und Zufriedenheit unserer geschätzten Leserinnen und Leser stehen im Mittelpunkt unseres Schaffens. Ihre Gedanken sind uns wichtig.

Zögern Sie daher nicht, uns zu kontaktieren und Ihre Gedanken mit uns zu teilen. Senden Sie uns einfach eine E-Mail an:
feedback@eulogiaverlag.de

Besuchen Sie auch gern unsere Verlagsseite und entdecken Sie weitere spannende Bücher unter:
www.eulogiaverlag.de

Wir sind gespannt auf Ihre Nachricht und freuen uns darauf, von Ihnen zu hören!

Herzlichst
Ihr **Eulogia Verlag**